THE ROCK SONG OF OUR TOMORROW

SELECTED LYRICS
WITH PARALLEL GREEK TEXT

Dionysis

SAVVOPOULOS

ENGLISH EDITION

Translated by
David Connolly

AIORA

David Connolly is retired Professor of Translation Studies at the Aristotle University of Thessaloniki. He has translated over fifty books with works by contemporary Greek writers. His translations have received awards in the USA, the UK and Greece.

ISBN: 978-618-5369-88-0

First edition May 2024

AIORA PRESS
11 Mavromichali st.
Athens 10679, Greece
www.aiorabooks.com

Contents

National Troubadour, Guru and Soulmate

by Dimitris Papanikolaou

Dionysis Savvopoulos is one of the most recognized and acclaimed singer-songwriters of Greece. This alone would account for his inclusion in a literary anthology and a volume of his songs translated into English—the latter has been a long time coming. But to understand his key role in Modern Greek culture, one needs to take note of a feeling of proximity, the strong affective ties that a very large part of the Greek audience possess towards him, or, rather, his singing persona. 'National troubadour, old friend, father, guru and soulmate': this is how journalist and cultural commentator Nikos Xydakis once introduced Savvopoulos. It is a description with which most Greeks, who often refer to him by the diminutive, Nionios, would no doubt agree.[1]

If there is a European model of the twentieth century singer-songwriter as national figure, Savvopoulos is its

---

[1] See further discussion and references in Dimitris Papanikolaou, *Singing Poets: Literature and Popular Music in France and Greece* (London: Routledge, 2007). Quotations from Savvopoulos in this introduction follow the translation by David Connolly offered here.

most prominent Greek representative. He brings to mind songwriters like Georges Brassens and Léo Ferré from France, Paco Ibanez from Spain, Lucio Dalla and Fabrizio De André from Italy, Wolf Bierman from Germany and Zülfü Livaneli from Turkey. Their major differences notwithstanding, these artists occupy a common cultural space, addressing their audiences in similar ways and enjoying a comparable recognition. One could think of them as working within a common genre. As poetic figures with a very strong affinity for their respective literary, oral poetry and popular song traditions, they became points of reference for their national cultures after the 1950s. Their work mediated the challenges of post-war reconstruction, new recording technologies, local youth and counterculture movements of the 1960s and the political upheavals and late capitalist crises of the 1970s. It was, finally, canonized as a version of 'high-popular' culture already seen as classic in the 1980s and as dated in the 1990s. They were our troubadours at a time of ever-transforming late capitalism; old friends and gurus in a period of defeat for major social ideals; national voices in a deconstructed yet ever-resurgent nationalism; soulmates in a long period of a vibrant and expansive popular media landscape.

This collection brings together selected song lyrics from ten different albums, released at different moments of Savvopoulos' career and spanning a long trajectory. It features love songs, protest anthems, political folk rock and lyrical ballads. The book opens with two of Savvopoulos' earliest songs, from his first LP, the iconic *Truck*, released as a full album in 1966. Savvopoulos is sketched on the cover of the disc in a way that recalls similar sketches of Brassens, and in the album he sings, as a person in his 20s, that love is all around, that it gnaws the lips as it does the mind, that it goes away and comes back again, in an endless cycle. The same, clueless, ever-the-optimist lover will, on the same disc, mourn the 'old friends who have gone forever'. An innocuous reference, perhaps, to early teenage friendships, but also, much more pointedly, to young activists detained (or even killed) by a state that had already started showing, after a brief moment of liberalization, its most oppressive face. What is less obvious in *Truck* is much more overtly pro-nounced in the 1969 *The Loony's Garden*, the first of Savvopoulos' works published during the 1967–74 military dictatorship. The album's cover is a direct reference to late sixties psychedelic culture (and specifically to the Beatles' *Yellow Submarine*). The 'old friends' have now become 'the kids who vanished'; the young woman who perhaps was once the love interest is now evoked through subter-ranean imagery. We are in the songwriter's world, allego-rized as a fool's garden, a mystical world, 'a rich and strange landscape of the deep'. Bob Dylan, the Beats, the Beatles—there are countless references, even though the songs became so closely connected to their 1960s Greek context that such comparisons can now feel superfluous.

One of the major aspects of Savvopoulos' work until 1974 was his direct conversation with the global youth culture of the sixties and, at the same time, the use of references to youth culture in order to articulate an anti-dictatorship discourse. His magnum opus, the 17-minute song 'Ballos', is a case in point. Once again, a number of intertextual and intermusical references could help con-textualize this song (my own favourites being Caetano Veloso's song 'Tropicalia' and the Brazilian Tropicalia movement more generally). But the song is also, undeniably, the long search for a new language: ritual, allegory, revised folk material, surreal elements and the carnivalesque add up to a complex response to the dictatorship's totalitarian aesthetics. The singer-wanderer starts from a village festival, then takes a painful look in the mirror, whereupon he is relocated to a stadium with crowds shouting, before returning to a surrealist ode to the Balkans and back (but now much more self-consciously) to a communal festivity, a carnival. Having over-appropriated the dictator's pose, fanfare and reliance on mass culture and huge public events, the song finishes with the songwriter asserting that (in the manner of Veloso's 'Eu organizo o movimento / Eu oriento o caranaval') 'I'm in charge of all / I'm the leader in this here festival'.

In the late sixties Savvopoulos was not only the most acclaimed cultural voice of a younger generation, but he also became the precursor of a larger cultural dynamic. Signature aspects of his later albums *Ballos* (1971), *Stale Crusts* (1972) and *Pieces from 10 Years* (1975) include a merging of the personal and the collective, the intersection of a youth counterculture and a national mythology distinct from that promoted by the dictators and, last but not least, a performative employment of the absurd in order to deflect and evade censorship. A younger generation of Greek songwriters, poets and novelists who appear after 1969 adopt very similar poetic strategies, often acknowledging Savvopoulos as a major, unquestionable influence.

Unlike the big popular national composers of the previous generation, Manos Hadjidakis and Mikis Theodorakis, Savvopoulos was not interested in producing orchestral or musical theatre works, in setting published poetry to popular music, or, even, in writing music for the cinema—though he had considerable success the few times he did so. He was more focused on constructing a singer-songwriter persona and in adopting the voice of an autobiographical (or, rather, autofictional) oral minstrel whose main frame of reference remained the (Greek and global) 1960s, their political struggles, challenges, frustrations and the sense of immense potential being felt, as he put it in one song, 'in the corners, in the square, in the corridors, in the lecture hall, in the streets'.

Savvopoulos is, therefore, the Greek artist who has come closest to singing the long Greek sixties as a specific experience, and this experience as giving rise to a certain type of identity. He would repeatedly reflect on this in later work. 'We, the travellers of the 60s: from the outset aloof, outsiders, always unsettled, in abeyance' he sings in his controversial album *The Haircut* (1989). His later songs rehearse a similar sense of aloofness and nostalgia for lost youth, paired with a disenchantment with politics, a somewhat inconsequential adoption of nationalist references and a mellow reflection on life's beauty.

Unsettled and unsettling, always somehow in abeyance yet at the centre of Greek cultural life, always nostalgic yet topical, Savvopoulos' songs, alongside his inimitable performance, remain one of the hidden treasures a contemporary Greek would share with foreign friends in order to create cultural intimacy. I know this impulse so well; I speak from experience. I have so many times tried translating his songs while playing them loud on friends' record players (then CD players, then MP3s, then computers, then platforms). Introducing this first printed translation of Savvopoulos' songs, my mind goes to the uncountable 'translations for friends' that people around the world must have made over the years of these same texts. It is to this polyphony of affect, this genuine and often failed effort to *convey what it means to me*, that such a book could, I think, be dedicated.

Dionysis Savvopoulos: Poet

by Dimitris Karambelas

Every new encounter with Dionysis Savvopoulos—a lead-ing figure in contemporary Greek culture and a father fig-ure in contemporary Greek songwriting—raises the same fundamental questions that gave life to his oeuvre. How-ever one listens to his songs—as electrified fruit of the cultural revolution of the sixties, as powerful transmitters of the seismic tremors of the years following the restora-tion of democracy in 1974, or as timeless melodies that have already nurtured three successive generations—one cannot but be caught up in the dilemmas and anxieties that produced them. And so this new anthology of his lyrics once again presents us with an intriguing paradox: namely that Savvopoulos is both an important songwriter and an accomplished poet.

In a musical career of over fifty years, Savvopoulos never claimed to be anything other than an artist who composed and performed his own music and lyrics as a unified creation. In his work, sound, meaning, singing, yet also narration and stage performance, constitute a com-pact and inseparable whole. How, therefore, can his lyrics be read separated from their music and printed on paper? And what of the common perception that his lyrics—

sometimes oracular and sometimes confessional, sometimes bitingly satirical and sometimes prophetical—are essentially poetical and that he can be rightfully included in the generation of poets that emerged in the 1970s?

In order to explain this paradox, we often repeat the reasoning accompanying the award of the Nobel Prize for Literature to Bob Dylan in 2016. Songwriting is an art that is direct, commonplace and unpretentious; it champions the common womb of poetry and song and has its roots in the era before the appearance of printing, before, that is, the lyric poem was reduced to its written representation—when the word, melody and performance emanated from the same person and poetry was sung to the accompaniment of the phorminx or the lyre. This was precisely the case with ancient lyric poetry, Byzantine hymnography, the Provençal troubadours and, later, with Georges Brassens and the French *poètes-chansonniers*, but also with the rebetic song and with Bob Dylan, Leonard Cohen, Joni Mitchell and with Savvopoulos in Greece. Consequently, songwriting should not be judged by the aesthetic criteria imposed only recently by modern poetry in which the words include their music, but rather as a dynamic oral literature that breaks down the barriers between lofty art and pop culture. Though to be exact, in the case of Savvopoulos, it is not only his lyrics but the songs in their entirety that often function as poems—as though they are bathed in a light previously accessible only to major poets.

Without doubt, Savvopoulos had no intention of becoming a poet. However, he was, in my opinion, obliged to become one under the weight of an imperative existential need—of a fundamental inner intensity, of a great fear or awe that infuses even his first youthful album (*Truck*, 1966). He became a poet as the ultimate solution to an unbearable conflict characterising his poetics and his mentality— a conflict between the personal freedom passionately sought by the generation of the sixties and the 'fundamental truths' of the Greek tradition that he, himself, inherited by virtue of the art of song. In the major albums, *Ballos* (1971) and *Stale Crusts* (1972), released during the darkest hours of the military dictatorship (1967–74), Savvopoulos pitted himself against the corpus of Greek traditional music and in the most dramatic terms, as a matter of life and death.

'To keep, as I do, the life-giving power of tradition, rejecting all its forms as being dead, and replacing them with our living body; there you have a wonderful starting point for a revolution' (interview with Savvopoulos in the newspaper *Rizospastis*, 1975).

Savvopoulos' poetry is born from the moment he tries to unite, in the same song, like live cables, those conflicting poles: 'to give a spark' ('Zeïbekiko') and to bring them into contact. And the charge that is released from that contact is so powerful—almost deadly—that only a new, unprecedented poetry can withstand it. This conflict put so much pressure on his music and lyrics that the energy eventually generated seems to be before or beyond words. The poetry is the shock or trauma caused by the conflict and, at the same time, its healing and its cure. It is the only way to embody the 'life-giving power of tradition', to awaken the 'black Spirit' in the 'awesome voice' of his generation ('Zeïbekiko'), the voice of the 'kids with long hair dressed in black' ('Black Sea'). Powerful, zany, at times gloomy and at others festive, the poetry of

Savvopoulos is his way of winning the battle with tradition—in contrast to the poets of the Generation of the Thirties who warned that 'whoever raises the heavy stones sinks' (George Seferis)—and of binding with magic threads the ancient and the modern worlds and uniting the personal and collective, the inner psyche with the political, the rock song with the Balkan heritage, the popular song with the European avant-garde. And this he does by always cauterising our given perceptions of the world, at the same time craving the common parlance, the common ethos, so that his songs may find their way to everyone's lips. In the later Savvopoulos, from *The Spare* (1979) to the *Timesmith* (1999), the intensity of this conflict softens and the connection is achieved in more grounded terms—the poetry is more personalised and converses with actual people, living or dead, and with the impracticable dream of their utopian reunion.

Shining in the deep folds of Savvopoulos' poetry is a light beyond language—a light that circulates, with almost mystical persistence, in 'I was born in Salonica', in which the 'tram' comes 'all lit up', the fishing boats ply their way 'in the light', the stairs are 'touched by the light'—while in 'The Light at 10 a.m.', it leads to a love beyond words ('in that light you find a love behind the words'). Savvopoulos' poetry attests to the fact that the personal freedom that he and his entire generation so passionately sought exists only when it fades and disappears in some complete Other that is life-giving and at the same time inconceivable or imaginary: the Left or the Spirit, Greece or God.

Translated by
David Connolly

Selected Lyrics

ΜΗ ΜΙΛΑΣ ΑΛΛΟ ΓΙ' ΑΓΑΠΗ

Μία η άνοιξη ένα το σύννεφο χρυσή η βροχή
βροχή που χόρευε σε κάμπο ώριμο ως το πρωί
σαν στάχυα έλυσες πάνω στους ώμους μου χρυσά μαλλιά
σαν στάχυ χόρευες σαν στάχυα αμέτρητα ήταν τα φιλιά.

Μία η θάλασσα ένας ο ήλιος της γλάροι λευκοί
ήλιος και θάλασσα γλυκό κορίτσι ζεστό πρωί
πρωί κι ορθάνοιξα τα δυο σου πέταλα μ' ένα φιλί
κι εσύ μου χάρισες όλη την άνοιξη σ' ένα κορμί.

Χθες ήταν έρωτας χθες ήταν σύννεφο χρυσή βροχή
χθες ήταν θάλασσα γλάρος που χόρευε με το πρωί
τώρα είν' η σιωπή τώρα είν' η λησμονιά κι ο χωρισμός
κι όλα τ' αστέρια του θαρρείς πως έσβησε ο ουρανός.

Μη μιλάς άλλο γι' αγάπη η αγάπη είναι παντού
στην καρδιά μας στη ματιά μας τρώει τα χείλη τρώει το νου.

Όταν θα 'χουμε υποφέρει καλημέρα θα μας πει
θα μας φύγει θα ξανάρθει κι όλο πάλι απ' την αρχή.

DON'T TALK ANYMORE OF LOVE

Only one spring one cloud golden rain
rain that danced in a ripe field till daybreak
like ears of corn your golden hair fell on my shoulders
like an ear of corn you danced, like countless ears were our kisses.

Only one sea its one sun white gulls
sun and sea pretty girl warm morning
morning and I opened your two petals wide with a kiss
and in your one body you gifted me all of spring.

Yesterday was love yesterday cloud golden rain
yesterday was sea a gull dancing with the daybreak
now there's silence now forgetting separation and loss
and the sky it seems has extinguished all its stars.

Don't talk anymore of love for love is all around
in our hearts and in our eyes it gnaws the lips it gnaws the mind.

When we've suffered really suffered it'll say hello once more
It'll go away come back to us then again just like before.

ΟΙ ΠΑΛΙΟΙ ΜΑΣ ΦΙΛΟΙ

Μη μου το πεις
οι παλιοί μας φίλοι
μην το πεις
για πάντα φύγαν.
Μη, το 'μαθα πια
τα παλιά βιβλία, τα παλιά τραγούδια
για πάντα φύγαν.

Πέρασαν οι μέρες που μας πλήγωσαν.
Γίνανε παιχνίδι στα χέρια των παιδιών.

Η ζωή αλλάζει δίχως να κοιτάζει
τη δική σου μελαγχολία
κι έρχεται η στιγμή για ν' αποφασίσεις
με ποιους θα πας και ποιους θ' αφήσεις.

Πέρασαν για πάντα
οι παλιές ιδέες, οι παλιές αγάπες
οι κραυγές.
Γίνανε παιχνίδι στα χέρια των παιδιών.

Όμορφη στιγμή να το ξαναπώ
όμορφη να σας μιλήσω
βλέπω πυρκαγιές
πάνω από λιμάνια πάνω από σταθμούς
κι είμαι μαζί σας.

OUR OLD FRIENDS

No don't say it
our old friends
don't say it
are gone forever.
Don't, I know it now
the old books the old songs
are gone forever.

Gone the days that caused us pain.
They're a plaything now in the hands of kids.

Life changes without regard
for any melancholy of yours
and the moment comes for you to choose
who you'll go with and who you'll leave.

Gone forever
the old ideas, the old loves
the cries.
They're a plaything now in the hands of kids.

The moment's right for me to say again
right for talking to you all
I see fires raging
over ports over stations
and I'm with you all.

Όταν ο κόσμος μας θα καίγεται
όταν τα γεφύρια πίσω μας θα κόβονται
εγώ θα είμαι 'κεί να σας θυμίζω
τις μέρες τις παλιές.

When our world's in flames
when the bridges behind us are all burned
I'll be there to remind you
of the days the old days.

ΤΟ ΠΕΡΙΒΟΛΙ

Κάτι αλήθεια συμβαίνει εδώ, κάτι μυστικό
κάτι πλούσιο και παράξενο σαν τοπίο του βυθού
ανθισμένες κερασιές κι απόγευμα ζεστό
και πολύχρωμο χορτάρι για ν' αποκοιμηθώ.

Αμαξάκια κάτασπρα φεύγουν απαλά
και μας φέρνουνε σε σένα στα μέρη τα παλιά
στον γαλάζιο θρόνο σου χρυσό μανδύα φοράς
και σε δυο λιοντάρια ήμερα τα πόδια σου ακουμπάς.

Τόσα χρόνια πάλευα μόνος στα τυφλά
και ταξίδεψα κι αρρώστησα και πέρασα πολλά
τώρα όμως πλάι σου και πάλι περπατώ
μες στα χρώματα του κήπου σου και δίπλα στο νερό.

Αμαξάκια κάτασπρα φεύγουν απαλά
και μας φέρνουνε σε σένα στα μέρη τα παλιά
κοντά μου φωσφορίζοντας σκύβεις και με φιλάς
για τη νύχτα με σκεπάζεις και με παρηγοράς.

THE GARDEN

Something's really going on here, something unbeknown
something precious and peculiar like a landscape of the deep
cherry trees in blossom and a sweltering afternoon
and multicoloured grass for me to lie and fall asleep.

Shiny white carriages gently wend their way
and bring us to you in old places we'd meet
on your cerulean throne you wear a cloak of gold
and on two tame lions you're resting your feet.

For many years I struggled blindly and alone
and I travelled and fell ill and had a rough ride
but now I'm here walking beside you once more
in your garden's colours and at the waterside.

Shiny white carriages gently wend their way
and bring us to you in old places we'd meet
you lean over radiant and give me a kiss
you cover me for the night and sweeten my sleep.

ΕΙΔΑ ΤΗΝ ΑΝΝΑ ΚΑΠΟΤΕ

Την παιδική μου φίλη
την είδα ξαφνικά
να στέκει
και να με κοιτά.

Αγάλματα κομμάτια
στα μάτια της τα δυο
βομβαρδισμένες πόλεις
ναυάγια στο βυθό.

Ζεστό το μεσημέρι
το στόρι χαμηλό
κι η σκάλα
στο φωταγωγό.

Σβήνουν τα βήματα στη σκάλα
κανείς, θα πλανηθούμε μοναχοί
θάλασσες πόλεις έρημοι σταθμοί.
Αλλάζουν όλα εδώ κάτω με ορμή
τι να καταλάβουμε οι φτωχοί.

Για πες μου μήπως ξέρεις
γι' αυτήν που σου μιλώ
Άννα
τ' όνομά της το μικρό.

Την βλέπω κατεβαίνει

I ONCE SAW ANNA

Suddenly I saw
my childhood friend
standing there
and staring at me.

Fragments of statues
in her two eyes
bombarded cities
shipwrecks of the deep.

The afternoon hot
the blinds drawn low
and the stairs
in the stairwell.

On the stairs the footsteps fade
no one, we'll wander all alone
seas cities deserted stations.
Everything down here changes in a flash
what are we poor souls to understand.

Tell me if you know
the girl I'm talking about
Anna
is her first name.

I see her going down

στέκεται στο σκαλί
και χάνεται για πάντα
στου κόσμου τη βουή.

she's standing on the doorstep
and she disappears forever
in the hubbub of the crowd.

ΤΑ ΠΑΙΔΙΑ ΠΟΥ ΧΑΘΗΚΑΝ

Τα πιο ωραία παραμύθια
απ' όσα μου 'χεις διηγηθεί
αχ! είναι κείνα που μιλούσαν
για τα παιδιά που 'χουν χαθεί.

Για τα παιδιά που χάθηκαν
στο στοιχειωμένο δάσος
στις λίμνες, στο Βορρά
για τα παιδιά που χάθηκαν
στου δράκου το πηγάδι
στης στρίγγλας τη σπηλιά.

Σε συμμορίες με ζητιάνους
σε αχυρώνες και σ' αυλές
και σε καράβια του πελάγους
με λαθρεμπόρους πειρατές.

Για τα παιδιά που τα 'συραν
στης Αφρικής τις αγορές
έμποροι και ληστές
και φοβισμένα κι ορφανά
στη Σμύρνη και στη Βενετιά
τα πιάσαν οι φρουρές.

Ψωμί ζητήσαν του φουρνάρη
λίγο νερό του καφετζή

THE CHILDREN WHO VANISHED

The best fairytales
of all those you've recounted
ah! are the ones that told
of children who vanished.

Of children who vanished
in an enchanted forest
in lakes, in the North
of children who vanished
in the dragon's deep well
in the old crone's cave.

In gangs of beggars
in barns and backyards
and in seafaring ships
with pirate smugglers on board.

Of children who were dragged
to African bazaars
by merchants and robbers
and frightened and abandoned
in Smyrna and in Venice
were captured by the guards.

They begged the baker for bread
the coffee-seller man for water

τα διώχνει ο πρώτος μ' ένα φτυάρι
κι ο άλλος λύνει το σκυλί.

Στις χτυπημένες πολιτείες
πέφτει μια κίτρινη βροχή
στο σώμα μου έχω ανατριχίλες
και το 'να δόντι μου πονεί.

Το γράμμα σου δέκα σελίδες
πάλι η ίδια συμβουλή
μου λες στο σπίτι να γυρίσω
μου λες ν' αλλάξω πια ζωή.

Ομίχλη πέφτει στις σκεπές
φεύγουν οι φάτσες σαν σκιές
και τρέμει το κερί
φωτιές ανάβουν στις ακτές
μέσα στ' αυτιά μου ακούω στριγγλιές
και τρέμω σαν πουλί.

the one drives them off with a peel
the other lets loose the dog.

In the stricken towns
a yellow rain is falling
I feel my creeping flesh
and I've a tooth that's aching.

Your letter of ten pages
and always the same advice
you tell me to come home
tell me now to change my life.

Mist falls over the rooftops
like shadows the faces leave
and the candle flickers its flame
fires are lit on the shores
there's a shrieking in my ears
and I tremble like a bird.

ΜΠΑΛΛΟΣ
α. Έρμος και βαρύς στο μονοπάτι

Έρμος και βαρύς στο μονοπάτι
με το σακούλι άδειο κι ένα μωρό στην πλάτη.

Γυρνάω σαν τα φίδια και σαν τ' αγριοπούλια
και πίσω απ' το βουνό ακούω νταούλια.

Και βλέπω την κοιλάδα μες στο λιοπύρι
και βλέπω το χωριό να 'τοιμάζει πανηγύρι.

Δίνω μια τρεχάλα ψηλά απ' τους λόφους
να φτάσω στους μπαχτσέδες και στους ανθρώπους.

BALLOS

a. Desolate and downcast on the mountain track

Desolate and downcast on the mountain track
with an empty pouch and a baby on the back.

I wander like the snakes and birds that fly free
and behind the hill I hear festive drums beat.

And I see the valley in the scorching sun's glare
see the village getting ready for the fair.

And from high on the hills I break into a run
to reach planted gardens and someone human.

ΜΠΑΛΛΟΣ

β. Τον ξέρω αυτόνα το χορό

Τον ξέρω αυτόνα το χορό
κι αυτή τη λάμψη τη στενή μες στον καθρέφτη
την έχω ξαναδεί
γουστάρω ελεύθερη καί πλούσια ζωή
και χαιρετώ σας και φιλώ σας
όντα μικρά χρωματιστά
μες στον καθρέφτη κλειδωμένα.

Το ξέρω αυτό το βουητό
μέσ' από στρογγυλές στοές
κι από πηγάδια σκεπασμένα
μέσ' από δάση μυστικά
προϊστορικά
βαθιά στον πάγο φυλαγμένα.
Έρχεται καταπάνω μου
και με τυλίγει
φέρνω το δάχτυλο στα χείλη
Σσς! σσς!

Τι τρέχει;
Έγινε κατολίσθηση κι έπεσε κάνας βράχος;
Τα πλήθη
ουρλιάζουν στις κερκίδες
ντέφια, νταούλια, κρόταλα
χτυπολογούν στο βάθος.
Ανηφορίζουνε πομπές

BALLOS

b. I know this here dance

I know this here dance
and the mirror's thin gleam
is one I've seen before
I'm all for a rich and fancy-free life
and I greet you and embrace you
tiny coloured beings
locked up in the mirror.

I know that humming
from rounded galleries
and covered wells
from forests secret
and prehistoric
preserved deep in the ice.
It comes right at me
engulfing me
I put my finger to my lips
Shh! shh!

What's going on?
Was it a landside a rockfall?
The crowds
are yelling on the terraces
tambourines, drums, clackers
beat in the background.
Processions make the climb

και μπαίνει ο μέγας τράγος
ο πρωταγωνιστής· μ' ένα πριόνι.
Φοράει ντενεκεδένιο στέμμα
κι ένα ζευγάρι παρωπίδες
ραντίζει με αίμα
τις πέτρινες κερκίδες
κάνοντας το τοπίο να μεγαλώνει.

then enters the great sacrificial goat
the protagonist; together with a saw.
It's wearing a tin crown
and a pair of blinkers
with blood it splatters
the stone terraces
making the whole place grow.

ΜΠΑΛΛΟΣ
γ. Ωx! Πηδώ χοροπηδώ

Ωx! Πηδώ χοροπηδώ
κι έχω ένα τσίρκο ηλεκτρικό
μες στο μυαλό μου
μες στο μυαλό μου που 'χει όρια
και μια ελευθερία ζόρικια
αλίμονό μου.

Φίδι πίθηκος κι αητός
με το δείπνο το μεγάλο
θα τελειώσουμε τον μπάλλο
φίδι πίθηκος κι αητός.

Αεώ αεπού!
Ελευθερία ή θάνατος
ο κόσμος είν' αδιάβατος
κι ο χορός μου κάνει κύκλο
και με κλείνει
από παντού.

Ήρθαν γύρω από την κρήνη
ένα τσούρμο θεατρίνοι.
Πήγα να τους δω κι εγώ
κι είδα μόν' τον αρχηγό τους
ματωμένο ξαπλωμένο
μες στο έρημο χωριό.

BALLOS

c. Oh! I'm jumping, leaping up and down

Oh! I'm jumping, leaping up and down
and I've an electric circus
inside my mind
inside my mind that has limits
and a madcap freedom
heaven help me.

Snake ape and eagle
with a grand dinner
we'll end the dance
snake ape and eagle.

Aeo aeiou!
Freedom or death
the world's impassable
and my dance goes in circles
and encloses me
on every side.

Around the fountain came
a troupe of performers.
I went to see them too
and only saw their leader
bloodied sprawled out
in the deserted village.

ΜΠΑΛΛΟΣ

δ. Σε τούτα τα Βαλκάνια

Σε τούτα τα Βαλκάνια σε τούτον τον αιώνα
συνάντησα τους φίλους μου μια νύχτα του χειμώνα.

Καθόντουσαν αμίλητοι σε κάτι βράχια
και σαν με είδαν να 'ρχομαι γουρλώσανε τα μάτια.

Γιατί όλον τούτο τον καιρό μ' είχαν για πεθαμένο
και πίνανε γλυκό κρασί ψωμάκι σιταρένιο.

Κι αφού με καλωσόρισαν κι αφού με βαρεθήκαν
κατάλαβαν τη φάρσα μου και μ' αρνηθήκαν.

Άσε τα θαύματα τη μάσκα πέταξε
εδώ είναι Βαλκάνια δεν είναι παίξε γέλασε.

Μοιράζω το ψωμί σάς δίνω το παγούρι
στα μάτια σάς κοιτάζω και λέω ένα τραγούδι.

Και το τραγούδι λέει πως παίρνω την ευθύνη
πως είμαι αρχηγός σ' αυτό το πανηγύρι.

BALLOS

d. Here in the Balkans

Here in the Balkans, in this century in time
I came across my friends one cold winter's night.

They were sitting there silent on a rocky outcrop
and when they saw me coming their eyes almost popped.

Because for a long time they'd had me for dead
and were drinking sweet wine, a little brown bread.

And after greeting me and after they'd had enough
they saw through my hoax and I felt their rebuff.

Forget the miracles throw the mask away
this here's the Balkans it's not for play.

I share out the bread, hand you the flask
I look you all in the eye and sing a song at last.

And the song says that I'm in charge of all
that I'm the leader in this here festival.

ΕΡΧΕΤΑΙ ΒΡΟΧΗ ΕΡΧΕΤΑΙ ΜΠΟΡΑ

Έρχεται βροχή έρχεται μπόρα
έρχεται μπόρα και παγωνιά
στα πόδια μας ζεστή μια θερμοφόρα
κόκκινη κουβέρτα και παλιά περιοδικά.

Και στο γραμμόφωνο ο δίσκος που μ' αρέσει
όλα έχουν τελειώσει κι είν' αργά
στην πολυθρόνα και για τους δυο μας έχει θέση
κλείσε τις κουρτίνες και πάρε με αγκαλιά.

Σάμπως μέσα σε βουβή ταινία
μια πολιτεία χοροπηδά
δρόμοι ανθρωπάκια και γραφεία
πολυκατοικίες και κουρσάκια ιδιωτικά.

Πόσο πολύ έχει αλλάξει αυτή η πόλη
βάλε την τσαγιέρα στη φωτιά
η νύχτα έρχεται η μπόρα δυναμώνει
κι όλα είναι χαμένα και προπολεμικά.

Τα παιδιά μεγάλωσαν και πάνε
τι ώρα να 'ναι και ποιος χτυπά
στους δρόμους στρατιώτες τραγουδάνε
κλείδωσε την πόρτα και στάσου στη σκιά.

Στα καταφύγια βουβά και τρομαγμένα

RAIN'S ON ITS WAY A STORM'S COMING

Rain's on its way a storm's coming
a storm's coming and bitter cold
at our feet a hot-water bottle
a warm red blanket and old magazines.

And on the gramophone the record I like
everything's finished and now it's late
in the armchair there's room for us both
draw the curtains and hold me close.

Just like in a silent film
a whole township is jumping
streets office rows the rabble
apartment blocks and shiny autos.

How much this city's changed
put the kettle on and make some tea
night's coming on the storm's got worse
and it's all a waste and like it was pre-war.

The kids are grown up and already gone
what time is it and who's that knocking
soldiers are singing in the streets
lock the door and stay in the shadows.

In the shelters mute and frightened

κι έξω οι σειρήνες σαν μωρά
σβήσε τα φώτα μην ανοίγεις σε κανέναν
κλείσε τις κουρτίνες και πάρε με αγκαλιά.

and outside like babies the sirens wail
turn off the lights don't let anyone in
draw the curtains and hold me close.

ΕΛΣΑ ΣΕ ΦΟΒΑΜΑΙ

Κάτι μ' αρρωσταίνει σ' αυτήν την πολιτεία
και παίρνω σβάρνα τα φαρμακεία
νιώθω για σένα κάτι τρομερό
και ήρθε η ώρα να σ' το πω.

Έλσα σε φοβάμα. Έλσα σ' αγαπώ.
Μια στιγμή μαζί σου είναι μακελειό
κι όταν χορεύεις στην πίστα μοναχή
ντουβάρια πέφτουν και σπάζει η οροφή.

Έλσα σε φοβάμαι σαν φωνή Κυρίου
σ' ένα δωμάτιο φτηνού ξενοδοχείου
ξαπλώσαμε κι ακούμε σειρήνες βογκητά
τι να σημαίνουν όλ' αυτά;

Νόμιζα πως ήμουν ελεύθερο πουλί
κι όμως ελεύθερη είσαι μονάχα εσύ
και όλα τ' άλλα φήμες και ψευτιές
και ανοησίες και στατιστικές.

Έλσα σε φοβάμαι για όσα μ' αναγκάζεις
γι' αυτό το αίμα γι' αυτές εδώ τις φράσεις
είναι μια παγίδα, μια υποταγή
είν' η αγάπη μου η τρελή.

ELSA I FEAR YOU

Something's making me ill in this place
and I'm going round every pharmacy
it's that something tremendous I feel for you
and it's time for me to tell you so.

Elsa I fear you. Elsa I love you.
One moment with you is real carnage
and when you're up on the dance floor all alone
walls collapse and the ceiling falls.

Elsa I fear you like the voice of God
in a room in some cheap hotel
we lay down and hear sirens and groans
what's the meaning of it all?

I thought I was footloose and fancy free
but the only one who's free is you
and all the rest is rumour and lies
nonsense and just statistics.

Elsa I fear you for what you make me do
for all this blood for these words above
it's a trap, it's submission
it's my love my crazy love.

ΖΕΪΜΠΕΚΙΚΟ

Μ' αεροπλάνα και βαπόρια
και με τους φίλους τους παλιούς
τριγυρνάμε στα σκοτάδια
κι όμως εσύ δεν μας ακούς.

Δεν μας ακούς που τραγουδάμε
με φωνές ηλεκτρικές
μες στις υπόγειες στοές
ώσπου οι τροχιές μας συναντάνε
τις βασικές σου τις αρχές.

Ο πατέρας μου ο Μπάτης
ήρθε απ' τη Σμύρνη το '22
κι έζησε πενήντα χρόνια
σ' ένα κατώι μυστικό.

Σ' αυτόν τον κόσμο όσοι αγαπούνε
τρώνε βρώμικο ψωμί
έλεγε ο Μπάτης μια Κυριακή
κι οι πόθοι τους ακολουθούνε
υπόγεια διαδρομή.

Χθες το βράδυ είδα έναν φίλο
σαν ξωτικό να τριγυρνά
πάνω στη μοτοσικλέτα
και πίσω τρέχανε σκυλιά.

ZEÏBEKIKO

On airplanes and steamships
and with friends of old
we go about in the dark
though you don't hear us.

You don't hear us as we sing
with electric voices
in underground arcades
till our paths encounter
your fundamental truths.

Batis my old pa
came over from Smyrna in '22
and lived for fifty years
in a hidden basement.

In this world those who love
get to eat stale crusts
Batis said one Sunday
and their longings follow
an underground course.

Last night I saw a friend
wandering like a sprite
on a motorbike
with dogs chasing behind.

Σήκω ψυχή μου δώσε ρεύμα
βάλε στα ρούχα σου φωτιά
βάλε στα όργανα φωτιά
να τιναχτεί σαν μαύρο πνεύμα
η τρομερή μας η λαλιά.

Rise my soul give a spark
set your clothes alight
set the instruments alight
so that like black spirit
our awesome voice might gush.

Η ΔΗΜΟΣΘΕΝΟΥΣ ΛΕΞΙΣ

Κι αν βγω απ' αυτή τη φυλακή
κανείς δεν θα με περιμένει
οι δρόμοι θα 'ναι αδειανοί
κι η πολιτεία μου πιο ξένη
τα καφενεία όλα κλειστά
κι οι φίλοι μου ξενιτεμένοι
αέρας θα με παρασέρνει
κι αν βγω απ' αυτή τη φυλακή.

Κι ο ήλιος θ' αποκοιμηθεί
μες στα ερείπια της Ολύνθου
θα μοιάζουν πράγματα του μύθου
κι οι φίλοι μου και οι εχθροί
μαρμαρωμένοι θα σταθούν
οι ρήτορες κι οι λωποδύτες
ζητιάνοι εταίρες και προφήτες
μαρμαρωμένοι θα σταθούν.

Μπροστά στην πύλη θα σταθώ
με τις κουβέρτες στη μασχάλη
κι αυτός ας μην το καταλάβει
θα χαιρετήσω τον φρουρό
χωρίς βουλή χωρίς Θεό
σαν βασιλιάς σ' αρχαίο δράμα
θα πω τη λέξη και το γράμμα
μπροστά στην πύλη θα σταθώ.

DEMOSTHENES' WORD

Whenever I get out of this prison
there'll be no one waiting for me
the streets will be deserted
and my hometown stranger still
the cafés all closed up
and my friends gone abroad
I'll be swept off by the wind
Whenever I get out of this prison.

And the sun will go to sleep
among the ruins of Olynthos
and like things from out of myth
will be my friends and enemies
the orators the petty crooks
will stand as if turned to stone
beggars hetaeras and prophets
will stand as if turned to stone.

I'll stand in front of the gate
with my blankets underarm
and even if he's unaware
I'll say goodbye to the guard
without parliament without God
like a king in an ancient drama
voicing the word and the letter
I'll stand in front of the gate.

ΜΑΥΡΗ ΘΑΛΑΣΣΑ
α. Κωμικού ξυπόλυτου θιάσου

Κωμικού ξυπόλυτου θιάσου
έργο τρομερό τα όρη του Καυκάσου
ίθρα-ου θανάσιμη τσουλήθρα
ίθρα-οα καταβόθρα κολυμπήθρα.

Σε πηγή θολή και μολυσμένη
την κρυφή μου αγάπη έχω βαφτισμένη
ε-ρε-όα σ' όλα υπερέχω
όλα τα ζητώ και τίποτα δεν έχω.

Δεν έχω ήχο δεν έχω υλικό.

Τον Αη-Γιάννη άκουσα να ψάλλει
ζώο φτερωτό μού γδέρνει το κεφάλι
ου-ντι-ά συντρίμμια το σαντούρι
έβγα να σε δω Θεέ μου ασχημομούρη.

Μαλλιαροί τοξότες της Σκυθίας
με κοιτάζουν μέσ' από εικόνες Παναγίας
α-ρι-ό χρυσόμαλλο κριάρι
βάφτισε κι εμένα στη θάλασσα τη μαύρη.

Δεν έχω ήχο δεν έχω υλικό.

Μυθικό πουλί με δυο κεφάλια
στου Παλαιολόγου τα κόκκινα σανδάλια

BLACK SEA

a. Of a comic barefoot troupe

Of a comic barefoot troupe
a tremendous work the Caucasus
ithra-ou a deadly chute
ithra-oa sink hole and font.

In a murky and polluted spring
I had my secret love baptized
e-re-oa in everything I excel
I want it all but now have nothing.

I have no sound no material.

I heard St. John chanting
a winged animal scratches my head
ou-di-a the dulcimer in bits
come out so I can see you my ugly God.

Hairy Scythian archers
gaze at me out of the Virgin's icons
a-ri-o golden-fleeced ram
baptize me too in the sea that's black.

I have no sound no material.

Mythical bird with two heads
on Palaeologus' red sandals

α-ρι-ού του Προμηθέα χνάρι
πέτρινο εργαλείο και αλφαβητάρι.

Δεν έχω ήχο δεν έχω υλικό.

Τι γυρεύω εγώ σ' αυτούς τους βάλτους
ακρίτες ξαγρυπνούν στα σύνορα του κράτους
α-ου-όα κάνε το σταυρό σου
και σαν φαρμακερό κοντάρι απογειώσου.

Αργοναύτη μέσα στα σκοτάδια
με όπλα ηλεκτρικά και ιπτάμενα καράβια
α-ου-όα προς τ' άστρα της αβύσσου
προς τους ουρανούς φωταγωγήσου.

a-ri-ou footprints of Prometheus
stone tool and primer.

I have no sound no material.

What am I doing in these marshes
guards keep vigil at the borders of the land
a-ou-oa say a prayer
and launch yourself like a poisoned lance.

Argonaut you in the darkness
with electric weapons and flying ships
a-ou-oa to the stars of the abyss
to the heavens light yourself up.

ΜΑΥΡΗ ΘΑΛΑΣΣΑ
β. Τα παιδιά με τα μαλλιά

Τα παιδιά με τα μαλλιά και με τα μαύρα ρούχα
φέρνουνε μηνύματα για μιαν αγάπη που 'χα.
Και στις φλέβες μου βαθιά μαύρη θάλασσα σαν αίμα
λέει λόγια πικραμένα.

Κανένα πλάσμα του Θεού δεν ζει σε τέτοιο βάθος
όπου σ' αγάπησα πολύ κι απόμεινα μονάχος.
Μαύρη θάλασσα κλειστή και ψυχή μου χαρισμένη
σ' όποιον πιο πολύ σε θέλει.

Να πούμε λόγια άγρια παράξενα κι ατόφια
σάβανα και χώματα στη μούρη της την ψόφια.
Η φωνή της η σκληρή λιώνει σαν μεγάλο πτώμα
μέσα στο δικό μου στόμα.

Φταίνε τα τραγούδια του φταίει κι ο λυράρης
μα φταίει κι ο ίδιος του ο λαός γιατί 'ναι
μαραζιάρης.
Μαύρη θάλασσα κλειστή μακρινές μου πεδιάδες
πίσω απ' τις Συμπληγάδες.

Στα μάγια και στα όνειρα καμπάνα και καντήλα
Πόλη, Βάρνα, Οδησσός, Κωστάντζα και Μπράιλα.
Και σε χρόνο μυστικό σαν ηφαίστειο του Αίμου
λεγεώνες του πολέμου.

BLACK SEA
b. The kids with long hair

The kids with long hair dressed in black
bring news of a love I once had.
And like blood in my veins deep black sea
utters bitter words.

None of God's creatures lives at such depth
where I loved you so much and was left alone.
Closed black sea and my soul freely gifted
to whoever wants you most.

Let's say words wild strange and straight
shrouds and earth on her worn-out face.
Her harsh voice melts like a huge corpse
in my very own mouth.

His songs are to blame the lyre-player too
but also his own people for being so mopy.
Closed black sea my distant plains
behind the Symplegades.

In magic and in dreams bell and candle
Constantinople, Varna, Odessa, Constanza and Braila.
And in secret time like a volcano of Haemus
legions of war.

ΜΙΑ ΘΑΛΑΣΣΑ ΜΙΚΡΗ

Μια θάλασσα μικρή
είναι το καλοκαίρι μου
ο έρωτάς μου
ο πόνος μου.

Μια θάλασσα μικρή
στα δυο σου μάτια φέγγει
κάθε πρωί.

Μια θάλασσα μικρή
στο δάκρυ στο τραγούδι
στο κάθε σου φιλί.

Μια θάλασσα μικρή.

Μια θάλασσα μικρή
και στη γωνιά η στάμνα μου
για ένα καλοκαίρι
ήσουνα εσύ.

Σε τραγουδούσα εγώ
σαν τις χορδές του ανέμου
στα μαύρα σου μαλλιά.

Σ' ακολουθούσα εγώ
σαν το μικρό χορτάρι
τον άνεμο.
Σ' ακολουθούσα εγώ.

A SEA SO SMALL

A sea so small
is all my summer
my love
my suffering.

A sea so small
shines in your two eyes
each morning.

A sea so small
in the teardrop in the song
in your every kiss.

A sea so small.

A sea so small
and my pitcher of cool water
for one summer
was you.

I serenaded you
like the wind's strings
in your dark hair.

I followed you
like a small blade of grass
the wind.
I followed you.

Μια θάλασσα μικρή
πικρά σ' αποχαιρέτησε
σε περιμένει
μια θάλασσα μικρή.

A sea so small
sadly said farewell
a sea so small
awaits you.

Η ΘΑΝΑΣΙΜΗ ΜΟΝΑΞΙΑ
ΤΟΥ ΑΛΕΞΗ ΑΣΛΑΝΗ

1967. Απόκριες. Ο Άλκης στο Ιπποκράτειο.
Τα βρήκα γης μαδιάμ.
Τους ανοίγει ο θυρωρός με αντικλείδι
όταν λείπω. Μυστήριες βόμβες.
Στο μεταξύ περιμένουν την πορεία,
όπως οι άλλοι το Πάσχα.

Τη νύχτα αυτή η αστυνομία
μάζεψε τους αλήτες απ' το πάρκο
πλάκωσε το εκατό
κι ακουγόταν μέχρι εδώ η σειρήνα.
Φύγε φύγε όσο έμεινε καιρός
γιατί η νύχτα στο κρατητήριο είναι κρύα
πώς βαστιέται τέτοιος εξευτελισμός
και το στόμα σου φαρμάκι απ' τα τσιγάρα
το πρωί στο λεωφορείο στριμωχτός
μια διαδήλωση κοιτάς πίσω απ' τα τζάμια.

Από όλα τα τραγούδια
αγαπούσα πιο πολύ τα λαϊκά
η ζωή μου έχει αλλάξει
κι έτσι τώρα δεν με ζαχαρώνουν πια.
Το κλειδί βάζω στην πόρτα για να μπω
το δωμάτιο είναι κρύο και στενό
όταν πέφτει το βραδάκι τι να πω
σε θυμάμαι με το πράσινο παλτό.

THE DEATHLY SOLITUDE
OF ALEXIS ASLANIS

1967. Carnival. Alkis in the Hippocrateio Hospital.
I found the place trashed.
The caretaker opens up for them with a passkey
when I'm out. Mysterious bombs.
Meanwhile they're waiting for the protest march,
like others wait for Easter.

That night the police
rounded up the bums from the park
the squad car showed up
and the siren could be heard even here.
Get away while there's still time
because the night is cold in the lock-up
how to put up with something so demeaning
and your mouth is bitter from the cigs
in the morning squashed in the bus
you gaze through the windows at a demonstration.

Of all kinds of songs
I used to like the lowbrow best
my life has changed
so they don't console me anymore.
I put the key in the door to enter
the room is cold and cramped
when night falls what can I say
I remember you in a green overcoat.

Κι όταν πέφτει το σκοτάδι
στα υπόγεια τα ρεύματα βουΐζουν
την αλήθεια ποιος θα μάθει
ένορκοι πληρωμένοι θα με κρίνουν.
Η ζωή μου έχει γεμίσει μυστικά
στους διαδρόμους ψευδομάρτυρες καπνίζουν
και οι φίλοι με κερνούν ναρκωτικά
και το κόμμα με τραβάει απ' το μανίκι.
Κι έτσι εδώ σε ξαναβρίσκω
Αλέξη, πες μου αν με θυμάσαι
το καλοκαίρι έχει τελειώσει
από καιρό έχει τελειώσει τι ζητάς;
Στην παραλία τα καφενεία είναι κλειστά
κι είν' η θάλασσα βρώμικη και σάπια.
Μετανάστες ξαναγύρισαν εδώ
νικημένοι φεύγουν απ' τη Γερμανία
την καρδιά μου στους σταθμούς την τυραννώ.

Μην κοιτάς τους στρατιώτες
στα δημόσια ουρητήρια σοβαροί
μου θυμίζουν επεμβάσεις
μου θυμίζουν δυσκολίες Ι.Χ.
την θυμάμαι έναν κάμπο να διαβαίνει
στο ασανσέρ όλο φοβότανε να μπει
η συννεφούλα μου κερδίζει το παιχνίδι
τώρα στα χέρια της κρατάει το ψαλίδι
κι έτσι είναι περισσότερο ορφανή.

Κι έτσι εδώ σε ξαναβρίσκω
Αλέξη πες μου με τι λόγια να σ' το πω

And when darkness falls
in the basements the wind whistles
who's going to learn the truth
I'll be judged by bought jurors.
My life has filled with secrets
in the hallways the perjurers are smoking
and my friends treat me to drugs
and the Party's tugging at my sleeve.
So here I find you once again
Alexis, tell me if you remember me
the summer's over
over for some time what d'you want?
On the seafront the cafés are closed
and the sea is filthy and putrid.
Migrants have come back here
beaten they're leaving Germany
I wring my heart at the stations.

Don't gaze at the soldiers
so serious at the public urinals
they remind me of interventions
of problems for private use
I recall her crossing a field
ever afraid to get in the lift
my little darling wins the game
now in her hands she's holding scissors
and like that she's even more alone.

So here I find you once again
tell me Alexis in what words I might tell you

τα ορφανά μου που κρυώνουνε
μου κάνουνε βαρύ εκβιασμό.
Πού ακούστηκε ο Άλκης να πεθαίνει
όλη νύχτα ψήνονταν στον πυρετό
στο διάδρομο είχα δει ένα νεκρό
οι γιατροί δεν μας δίνουν σημασία
βιαστικά μας κουβαλούν στα χειρουργεία.

Η μποτίλια έχει αδειάσει
του μπαρμπα-Αλέξανδρου η μποτίλια έχει αδειάσει
κι απ' το πάρκο μέχρι εδώ
η σειρήνα του εκατό ακούς ουρλιάζει.
Το δωμάτιο είναι κρύο και στενό
κι ο Τσιτσάνης μ' ένα «γιάλα» με προγκάρει
αυτή τη νύχτα η καρδιά μου είναι βαριά
δεν υπάρχει ούτε μια λέξη να μου δώσεις
αλλά εσύ που μ' αγαπούσες μια φορά
όπως πριν έτσι και τώρα θα με νιώσεις.

my orphans who are shivering
are making me pay a heavy price.
Whoever would've thought of Alkis dying
all night he was burning with fever
in the corridor I saw someone dead
the doctors pay no attention to us
and hastily take us in for surgery.

The bottle is empty
ol' Alexandros' bottle is empty
and from the park even to here
the squad car's siren wails d'you hear.
The room is cold and cramped
and Tsitsanis with an 'ah alas' derides me
tonight my heart's heavy
there's not one word you can give me
but you who loved me once
you'll understand me now like before.

ΠΡΩΙΝΟ

Σβήνω αυτό το φως
βάλε για καφέ
ξημερώνει, πού 'ναι τα κλειδιά μου
τα λεφτά είναι στην ψωμιέρα
κι ό,τι ζήσαμε μες στη νύχτα αυτή
σαν σπουργίτι το τζάμι μας ραγίζει.

Ραγίζει η αγάπη μας
κομμάτια κι αποσπάσματα
γυρεύει αίμα και ρίζες
μεροδούλι μεροφάι στιχουργική
κι όταν ριζώνει, ουράνιο τόξο είδες
ανοίγει ξάφνου
μες στης κυκλοφορίας την αιχμή.

—*κλείσε το νερό*
—*δεν άκουσα τι λες*
—*αλλαξιές σου αφήνω στο καλοριφέρ*
είπα η νύχτα ίσως είναι
πρόληψη κοινή, θρυμμάτισμα γυαλιού
σαν αράχνη, εφτάχρονη φοβία

Γυρίζω την πλάτη μου
και να το πάλι εδώ μπροστά
—*θα ξαναβρούμε τους φίλους μας*
θα βγαίνουμε τα βράδια όπως πριν
το καλοκαίρι θα πιάσουμε ένα σπίτι

MORNING

I'll turn off that light
you put the coffee on
it's daybreak, where are my keys
the money's in the bread bin
and what we lived through this past night
like a sparrow is cracking our window.

Our love is cracking
pieces and fragments
it's seeking blood and roots
living hand to mouth writing lyrics
and when it takes root, a rainbow see
suddenly appears
in the midst of the rush hour.

—*turn off the water*
—I didn't hear what you said
—*your clean clothes are on the radiator*
I said perhaps the night is
a common superstition, a shattering of glass
like a spider, a seven-year phobia

I turn my back
and here it is again before me
—we'll find our friends again
we'll go out in the evenings like before
we'll get a house for the summer

ξαναγυρνώντας
στο απότομα ατέλειωτο ρεφρέν.

—στις εννιάμισι
θα πάω απ' το γιατρό
αν αργήσω, να ο αριθμός
—τα παιδιά κοιμούνται ακόμα
κι ό,τι ζήσαμε μες στη νύχτα αυτή
ξημερώνει με στάχτες στον αέρα.

Και φεύγει αόρατο
αλλάζοντας ταχύτητες
ζητώντας δρόμο
στην πολιτεία μας να μπει
σαν μια καινούργια μουσική
κι όταν ριζώνει, ουράνιο τόξο τέλειο
ανοίγει ξάφνου
μες στης κυκλοφορίας την αιχμή.

going back again
to the suddenly endless refrain.

—at nine-thirty
I'm going to the doctor's
if I'm late, here's the number
—the kids are still asleep
and what we lived through this past night
dawns with ash in the air.

And invisible it leaves
changing gears
looking for a way
to enter into our town
like new music
and when it takes root, a perfect rainbow
suddenly appears
in the midst of the rush hour.

ΓΕΝΝΗΘΗΚΑ ΣΤΗ ΣΑΛΟΝΙΚΗ

Δεκέμβρης του '44
με μια μοτοσικλέτα του ΕΛΑΣ
η μάνα μου ετοιμόγεννη
γυρίζει ο θανατάς
να η μαμή, ανασηκώνει το μανίκι
έτσι γεννήθηκα στη Σαλονίκη.

Από τα χώματα και με το αεράκι
βλέπει το τραμ να έρχεται γραμμή
είναι κατάφωτο και στο σκαλοπατάκι
στέκει ο Τσιτσάνης μ' ένα μικρό βιολί.

Γεννήθηκα στη Σαλονίκη
μπροστά στην κλειδαρότρυπα σκυφτός
κάστρα ανεμισμένα
καΐκια μες στο φως
η προκυμαία, βεγγαλικά και χορωδίες
τζάμια, το πλήθος βλέπει οπτασίες.

Τα χρόνια που εξαγόρασε για πάντα
η φαντασία του τα λέει παιδικά
κι όπως μακραίνει του ορφανοτροφείου η μπάντα
μοιάζουν σαν να 'ναι μελλοντικά.

Κρυμμένος σαν παιδί και σαν δραπέτης
κάτω από τη σκάλα που ακουμπάει το φως
στο ράδιο ο πατέρας αφουγκράζεται σκυφτός

I WAS BORN IN SALONICA

December of '44
with a motorbike belonging to ELAS
my ma about to give birth
death's ever lurking
there's the midwife, she rolls up her sleeves
and like that I was born in Salonica.

From the earth and with the breeze
he sees the tram coming head-on
it's all lit up and standing on the footplate
is Tsitsanis with a tiny violin.

I was born in Salonica
stooping in front of the keyhole
fluttering castles
fishing boats in the light
the seafront, fireworks and choirs
windows, the crowd sees apparitions.

The years that he bought off forever
are those his imagination calls childhood
and as the orphanage band goes away
they seem more like years to come.

Hidden like a kid and like a fugitive
beneath the stairs touched by the light
dad's listening to the radio head bowed

στριφογυρίζω μια σημαιούλα μες στο κρύο
νύχτα και φέγγει το στρατοδικείο.

Μέσ' απ' τον τοίχο που έσκασε η μπόμπα
βλέπει ένα σιντριβάνι από χρυσό
ο κόσμος λιώνει σαν δωμάτιο με σόμπα
κι οι δυο Ελλάδες σιγοπίνουν το πιοτό.

Γεννήθηκα στη Σαλονίκη
να δω τους ποιητές πρόλαβα εγώ
στο υπόγειο νησί τους
ταξίδεψα ως εδώ
με μια κρυφή, εκ γενετής αιμορραγία
Ελλάδα, γλώσσα τυφλή στη γεωγραφία
Ελλάδα, οικόπεδο και αποικία.

Αν τον ρωτήσετε πού βρήκε δεκανίκι
πώς λογαριάζει να βρει την άκρη δηλαδή
θα αποκριθεί: «Γεννήθηκα στη Σαλονίκη
και ξέρω απέξω τη διαδρομή».

I twirl a flag round in the cold
it's night and the military courtroom's aglow.

Through the wall that the bomb blew open
he sees a fountain of gold
people melt like a room with a stove
and the two Greeces slowly sip their drink.

I was born in Salonica
in time to meet the poets
on their underground island
I travelled this far
with a hidden haemorrhage from birth
Greece, a blind language in Geography
Greece, building plot and colony.

If you ask him where he found a crutch
how he intends to make sense of it that is
he'll reply: 'I was born in Salonica
and I know the way by heart'.

ΓΙΑ ΤΑ ΠΑΙΔΙΑ
ΠΟΥ 'ΝΑΙ ΣΤΟ ΚΟΜΜΑ

Έβγαλες ουρά και προβοσκίδα
κρύφτηκες πίσω από μια εφημερίδα
κάνεις πως διαβάζεις και δεν μας χαιρετάς
έβγαλες στο δέρμα σου ραβδώσεις
τρέχεις με ομάδες κι οργανώσεις
κι όλο το ρολογάκι σου κοιτάς.

Κι όμως μες στης κόλασης τις λάβρες
μες σε δακρυγόνα και περίπολα και αύρες
λάμπεις σαν το πιο πολύτιμο ορυκτό
ναι, σαν ασημένιο υψώνεσαι φτερό
τούτη τη στιγμή που σπάζεις τον κλοιό.

Λευκέ γαλάζιε ποντικέ μου
που χρόνια τώρα σ' αγαπώ
εκείνη τη φτερούγα σου άνοιξέ μου
κι άσε με λίγο να τη δω.

Έλα χωρίς πολιτικούρες
με το φτερό σου να πετάει
όχι στων μανιφέστων τις κλεισούρες
αλλά σε κείνο εκεί το μπαρ που ξενυχτάει.

Ξέρω, ήδη έχεις αντιρρήσεις
μα ούτε 'γώ σου λέω να χωρίσεις
λέω με δυο λόγια μόνο σ' αγαπώ

FOR THE KIDS WHO BELONG
TO THE PARTY

You've grown a tail and trunk
hidden behind a newspaper
you pretend to read and don't greet us
and you've come out in stripes on your skin
you chase after groups and committees
and constantly look at your watch.

And yet in hell's burning heat
amid tear gas armoured cars and patrols
you shine like the most precious ore
yes, you rise like a silver wing
that moment you break through the cordon.

My rodent in Greek blue and white
who for years now I've loved
open that wing of yours for me
and let me see it a little.

Come without political prattle
with your wing in flight
not in the mustiness of manifestos
but there in that late-night bar.

I know, already you've objections
but me too I'm not telling you to leave
all I'm saying in brief is I love you

λόγια ηθοποιού για τον αγώνα
λόγια σαν βιολί σε αρραβώνα
με ό,τι ως τώρα μάχεται λειψό.

Τώρα έχεις χρέη και πιστώσεις
τρελαίνεσαι για πολιτικές εκδόσεις
αύριο να δούμε ποια πόρτα θα χτυπάς
αφού κι αυτό το αύριο το αλάνι
όργανο του κόμματος το έχεις κάνει
ποιον θα περιμένεις και ποιον θα τυραννάς.

Ποιος θ' αναλάβει την ευθύνη
τι θα πάει να πει στη δικαιοσύνη
να το δικαστήριο υψώνεται από δω
όχι μοναχά για το στιλπνό σου το φτερό
αλλά και για την προβοσκίδα σου θαρρώ.

words of an actor on the struggle
words like a violin at a betrothal
to what till now was striving incomplete.

Now you have debts and credit
You're mad about political publications
let's see tomorrow at which door you're knocking
since you've even turned that unruly tomorrow
into a tool of the party
who will you run after and who will you harass.

Who'll take on the responsibility
what will he go and say before the law
see the court's looming over here
not only because of your shiny wing
but also because of your trunk I think.

ΤΙ ΕΠΑΙΞΑ ΣΤΟ ΛΑΥΡΙΟ

Δεν ξέρω τι να παίξω στα παιδιά
στην αγορά στο Λαύριο
είμαι μεγάλος με τιράντες και γυαλιά
κι όλο φοβάμαι το αύριο.

Πώς να κρυφτείς απ' τα παιδιά
έτσι κι αλλιώς τα ξέρουν όλα
και μας κοιτάζουν με μάτια σαν κι αυτά
όταν ξυπνούν στις δύο η ώρα.

Ζούμε μέσα σ' ένα όνειρο που τρίζει
σαν το ξύλινο ποδάρι της γιαγιάς μας
μα ο χρόνος ο αληθινός
σαν μικρό παιδί είναι εξόριστος
μα ο χρόνος ο αληθινός
είναι ο γιος μας ο μεγάλος κι ο μικρός.

Δεν ξέρω τι να παίξω στα παιδιά
μα ούτε και στους μεγάλους
πάει καιρός που έχω μάθει ξαφνικά
πως είμαι ασχημοπαπαγάλος.

Πώς θα τα κρύψεις όλ' αυτά
έτσι κι αλλιώς τα ξέρουν όλοι
και σε κοιτάζουν με μάτια σαν κι αυτά
όταν γυρνάς μέσα στην πόλη.

WHAT I PLAYED IN LAVRION

I don't know what to play to the kids
in the marketplace in Lavrion
I'm old with my braces and my specs
and I'm ever fearful of tomorrow.

How can you hide from kids
in any case they know it all
and they gaze at us with such eyes
when they wake at two in the morning.

We're living in a dream that's creaky
like the wooden leg of our grandma
but time that is real time
is in exile like a little child
but time that is real time
is our son the young one and the old.

I don't know what to play to the kids
not even to the grown-ups
time's passed since all at once I learned
that I'm such an ugly parrot.

How can you hide all that
in any case everyone knows it
and they gaze at you with such eyes
when you wander round the city.

ΑΣΠΑ

Μάτια σαν μέντα και χιόνι εκεί
σε παράθυρα που είχες σταθεί
πλάνα με κόσμο που ξεκινούν
και σε τάξη μυστική γυρνούν.
Τώρα νιώθω γιατί
είναι οι νόμοι σου σκληροί
από τον έρωτά σου κρατούν
κι όχι από μια βία σημερινή.
Άσπα
δε φοβάμαι πια και ξέρω γιατί.

Πίσω σκοτάδι και φυλακές
που αποδράσαμε με πτήσεις αργές
σαν από όνειρο μια σκηνή
που στο μέλλον θα ξανασυμβεί.
Αλλά ως τότε εδώ
θα 'ναι σαν τον χωρισμό
θα μοχθούμε κι οι δυο μας για εκεί
όπου στέκεις κιόλας σοβαρή.
Άσπα
και πονάς για τη σκληρή μας ζωή.

Πόλεις που είδες απ' τη σκοπιά
καραβιού καθώς ο αέρας γυρνά
με χορωδίες βαλκανικές
όλο ξυλόγλυπτα και σκαλωσιές.

ASPA

Eyes like mint and snow there
at windows where you'd stood
scenes that start out with people
and in a secret order come back.
Now I understand why
your laws are so tough
they stem from your love
and not from the harshness today.
Aspa
I know why I'm no more afraid.

Behind us darkness and prisons
that we escaped with flights so slow
like in a scene from a dream
that in future will recur.
But till then here
will be like separation
both of us will strive for there
where being serious you already are.
Aspa
and you suffer for our hard life.

Towns you've seen from the aspect
of a ship as the wind turns
with choirs from the Balkans
all wood carvings and scaffolding.

Γυάλινοι θόλοι ν' αναπτυχθούν
με τραβέρσες και με βεγγαλικά
φέγγοντας όλο τον χωρισμό
σαν ολόχρυσο γεφύρι εδώ.
Σταθερά στη βροχή
πριν το τρένο αποσπαστεί
τα χρυσά σου τα χείλη ακουμπάς
στα βρεγμένα μάγουλά μου.
Άσπα
κάνε λίγο υπομονή χαρά μου.

Let glass domes be developed
with cross beams and fireworks
illuminating all the separation
here like a solid gold bridge.
Constantly in the rain
before the train pulls out
you place your golden lips
on my wet cheeks.
Aspa
have a little patience my sweet.

ΜΥΣΤΙΚΟ ΤΟΠΙΟ

Σαν το παράπονο στη φράση *εδώ και τώρα*
σαν το σπασμένο φαρμακείο στις δύο η ώρα
σαν το καμένο το γήπεδο
σαν το αμόκ της μηχανής σου
μέσα απ' της βιτρίνας τα θρύψαλα
ακούω την ψυχή σου.

Κι όπως σ' ένα τοπίο μυστικό
αντικριστά στο κήτος
έτσι μια ευλογία που αγνοώ
με κρατάει
στο δικό σου το μήκος.

Μου 'στειλαν μηνύματα οι βιαστικοί σου οι νάνοι
απ' το παραλήρημα της χώρας σου που αυξάνει
τρεις και μισή ξημερώματα
σαν διαδήλωση που πήζει
μαύρο γυαλί δίχως πρόσωπο
και ξαφνικά ραγίζει.

Και στου σκοτωμένου τον σφυγμό
στο φλας του ασθενοφόρου
καθρεφτίζει κάτι απ' την ηχώ του Θεού
στον βυθό του Εωσφόρου.

Οι ρυθμοί μου λύσσαξαν μα δεν κρατούν τον ήχο
της μοναξιάς σου όταν κλαις και χτυπάς τον τοίχο

SECRET PLACE

Like the grievance in the phrase *here and now*
like the looted pharmacy at two in the morning
like the burnt-out stadium
like your motorbike's frenzied roar
through the shattered shop window
I listen to your soul.

And as in a secret place
with the sea beast face to face
so too a blessing I don't know
keeps me
in tune with you.

Your hasty midgets sent me word
from your land's growing delirium
at half past three at night
like a packed demonstration
faceless black glass
that suddenly cracks.

And in the pulse of the person killed
in the ambulance's flashing lights
something of God's echo is reflected
in the depths of Lucifer.

My rhythms are wild but don't give the sound
of your loneliness when you weep and bang the wall

μες στης αυγής το μισόφωτο
σβήνω μίλια γραμμένης ύλης
να 'βρεις τη σελίδα κατάλευκη
να μπεις και ν' ανατείλεις.

Μ' ένα παρανάλωμα παντού
στη θεϊκή σου αλήθεια
σαν φωτογραφία ενός παιδιού
που μου λέει
αναγνώστη βοήθεια.

Θύρα 7 και θύρα κάτω από τις ερπύστριες
όλα διαβήκαν απ' τις γλώσσες τις στραγγαλίστριες
κι όμως εγώ σ' αφουγκράστηκα
σαν λεξούλα ενός αγνώστου
κι όχι σαν μέρος του λόγου τους
και του δικού τους πόστου.

Για να σ' αγκαλιάσω με καημό
και τόσο να σε νιώσω
όσο είναι τοπίο μυστικό
τούτο 'δώ
που ποθώ ν' αποδώσω.

in the dim light of dawn
I erase miles of written material
so you'll find the page all white
for you to enter and rise.

With everywhere a conflagration
in your divine truth
like the photo of a child
that says to me
reader help.

Gate 7 and gate beneath the tank tracks
everything passed through the choking tongues
and yet I heard you
like the word of a stranger
and not like a part of the way they talk
or of their high position.

So that pining I might hold you
and feel you as much
as is secret
this place here
that I long to render.

ΠΡΩΤΟΜΑΓΙΑ

Όλες οι γραμμές μας στραβωθήκαν κι αποτύχαν
ευτυχώς
το νιώθω απόλυτα καθώς
απ' το πίσω κάθισμα κοιτώ τα ίδια μέρη
τρυφερά
με τα φανάρια μου σβηστά.

Άδεια χωριουδάκια κι ασυνάρτητη επαρχία
καθετί
μισοχωμένο μες στη γη
όπως το κωφάλαλο αδερφάκι τώρα λάμπει
με το φως
που βγάζει ο κόσμος ο μουγγός.

Μέσα απ' τη ζέστα του σφαγείου
και με στεφάνια δροσερά
θ' ανταμωθούμε μια τρελή Πρωτομαγιά
και το πλυμένο σώμα πίσω απ' τα λουλούδια θα ενωθεί
σαν ζαλιστούμε απ' των χορών μας το κρασί.

Σε παραλίες σκουπιδότοπων με κασετόφωνα κι εγώ
μια πολιτεία σωριασμένη έχω σκοπό
όλα είναι τόσο τρομαγμένα μα τ' αγαπάω ο φτωχός
δώσ' μου τα λόγια επιτέλους να μην είμαι μοναχός.

Δίπλα από το κύμα έχει τ' άλογα λυμένα
θα τον δεις

MAYDAY

All our lines got crossed and failed
fortunately so
I'm totally convinced of it as
from the back seat I gaze at the same places
tenderly
with my headlamps turned off.

Shabby little villages and incohesive provinces
every single thing
half-buried in the ground
like the little deaf and dumb brother now shining
with the light
that comes from the speechless crowd.

From the heat of the slaughterhouse
and with fresh floral wreaths
one crazy mayday we'll all meet
and the washed body behind the flowers will join
once we're dizzy from our dances' wine.

Me too with a cassette player on dumpsite beaches
a town in a heap is my aim
everything's so fearful but poor wretch I love it
give me the words at last so I'm not alone.

Beside the waves he has the horses untied
you can't miss him

ο ασπροντυμένος μπουζουκτσής
κι όλο κατεβαίνουν καπνεργάτριες και προσκόποι
με φακούς
μέσ' από κρότους και καπνούς.

Τρέχουνε τα πεύκα το φεγγάρι ξεδιπλώνει
διαρκώς
με γάζες κόκκινες το φως
κι άγριες παρέες νεαρών με γυφτοπούλες
προσπερνούν
και μαγεμένον μ' οδηγούν.

the bouzouki player dressed in white
and factory girls and boy scouts keep coming down
with torches lit
through all the explosions and smoke.

The pines are running the moon unfolds
constantly
the light with red gauzes
and wild groups of youths with gypsy girls
overtake
and I follow them bewitched.

ΦΛΟΓΕΣ

Φλόγες στην κορφή
ρόδες στο ποτάμι
και στου φορτηγού το τζάμι
κείνο το παιδί
μες στου χρόνου το πλοκάμι
ψάχνει να με βρει.

Στον αέρα εκεί
τη φλογέρα του άκου
για τα δυο ανήλικά του
φτερωτά λαλεί
ξεγελάει τον δαίμονά του
κι άλλο δεν αργεί.

Πώς μπαίνουν στο τραγούδι μας
οι δρόμοι κι οι δεσμοί μας
και πώς φωτίζει η ζωή
την περιπλάνησή μας.

Ζέστη του πηλού
μες στη νύχτα αηδόνι
η κυρά μου είναι μόνη
μ' ένα πέπλο αχνού
μα η ανάσα της με ζώνει
κι ας κοιμάται αλλού.

Χιόνια και νερά
χρόνια που κυλάνε

FLAMES

Flames on the summit
wheels in the river
and in the truck's window
that child
in time's clutches
is trying to find me.

There on the breeze
listen to his flute
it's his two infant kids
that give wings to his song
he outwits his demon
and loses no more time.

How our song is filled
with our paths and our ties
and how life sheds light
on our wanderings.

Heat of the clay
songbird in the night
my lady wife's alone
in a veil of haze
but her breathing surrounds me
though she's sleeping elsewhere.

Snow and water
years that fly past

τ' όνειρό μας κι αν κρατάνε
μες στα βουητά
παίρνει σάρκα κι όπου να 'ναι
δεν πονάει πια.

Και τραγουδάει αθάνατο
σε τούτη την κοιλάδα
και δίχως δίχτυ ακροβατεί
τι φως, τι τρυφεράδα.

and if they keep our dream
amid all the clamour
it takes on flesh and very soon
hurts no more.

And immortal he sings
in this valley
and walks a wire without a net
what light, what tenderness.

ΑΣ ΚΡΑΤΗΣΟΥΝ ΟΙ ΧΟΡΟΙ

Ας κρατήσουν οι χοροί
και θα βρούμε αλλιώτικα
στέκια επαρχιώτικα, βρε
ώσπου η σύναξις αυτή
σαν χωριό αυτόνομο
να ξεδιπλωθεί.

Μέχρι τα ουράνια σώματα
με πομπούς και με κεραίες
φτιάχνουν οι Έλληνες κυκλώματα
κι Ιστορία οι παρέες.

Κάνει ο Γιώργος την αρχή
είμαστε δεν είμαστε
τίποτα δεν είμαστε, βρε
κι ο Γιαννάκης τραγουδεί
άμα είν' όλα άγραφα
κάτι θα βγει.

Και στης νύχτας το λαμπάδιασμα
να κι ο Άλκης ο μικρός μας
για να σμίξει παλιές κι αναμμένες τροχιές
με το ροκ του μέλλοντός μας.

Ο ουρανός είναι φωτιές
ανεμομαζώματα
σπίθες και κυκλώματα, βρε

LET THE DANCES GO ON

Let the dances go on
and we'll find different
haunts in the sticks, hey
till this gathering
like a self-governing village
spreads everywhere.

As far as the heavenly bodies
with transmitters and antennas
Greeks create their networks
and groups of pals write history.

Yorgos makes a start
we are we're not
we're nothing, hey
and Yannakis sings
if it's all unwritten
something will come out.

And in the nighttime's glare
there's our little Alkis
mixing old and blazing paths
with the rock song of our tomorrow.

The sky is all aflame
things easily come by
sparks and networks, hey

και παρέες λαμπερές
το καθρέφτισμά τους
στις ακρογιαλιές.

Κι είτε με τις αρχαιότητες
είτε με ορθοδοξία
των Ελλήνων οι κοινότητες
φτιάχνουν άλλον Γαλαξία.

Να κι ο Μπάμπης που έχει πιει
κι η Λυδία ντρέπεται
που όλο εκείνη βλέπετε, βρε
κι ο Αχιλλέας με τη Ζωή
προς την πολαρόιντ
κοιτούν γελαστοί.

Τότε η Έλενα η χορεύτρια
σκύβει στη μεριά του Τάσου
και με μάτια κλειστά τραγουδούν αγκαλιά
Εθνική Ελλάδος γεια σου!

Τι να φταίει η Βουλή
τι να φταίν' οι εκπρόσωποι
έρημοι κι απρόσωποι, βρε
αν πονάει η κεφαλή
φταίει η απρόσωπη
αγάπη που 'χει βρει.

Μα η δικιά μας έχει όνομα
έχει σώμα και θρησκεία

and radiant groups of pals
their reflection
on the shorelines.

And either with antiquities
or else with orthodoxy
the Greek communities
create another Galaxy.

There's Babis the worse for drink
and Lydia is embarrassed
that it's her you're all gazing at, hey
and Achilleas with Zoe
are looking into the Polaroid
with a smile.

Then Elena the dancer
leans over to Tassos
and with eyes closed they sing arm in arm
come on the Greek team!

What fault is it of Parliament
what fault of the representatives
all wretched and impersonal, hey
if the head hurts
it's the fault of the impersonal
love that it's found.

But ours has a name
has a body and religion

και παππού σε μέρη αυτόνομα
μέσα στην τουρκοκρατία.

Να μας έχει ο Θεός γερούς
πάντα ν' ανταμώνουμε
και να ξεφαντώνουμε, βρε
με χορούς κυκλωτικούς
κι άλλο τόσο ελεύθερους
σαν ποταμούς.

Και στης νύχτας το λαμπάδιασμα
να πυκνώνει ο δεσμός μας
και να σμίγει παλιές κι αναμμένες τροχιές
με το ροκ του μέλλοντός μας.

and a grandpa in parts autonomous
during the Turkish rule.

May God keep us hearty
so we'll always meet up
and have a roaring time, hey
with circular dances
and just as free
like flowing rivers.

And in the nighttime's glare
may our bond grow ever deeper
mixing old and blazing paths
with the rock song of our tomorrow.

CANTO

Τραγούδια έγραψα για φίλους
που από λογής κατοπτρισμούς
μέσα στους άξαφνους στροβίλους
χαθήκαν σαν τους ναυαγούς.

Μα γι' αυτούς που στο πλάι μας συνεχίζουν
ψάχνω ακόμα τους ρυθμούς που θα τους αξίζουν.

Τόσο τους λώλανε η ερημιά τους
που είναι η δουλειά τους
καψοχαρά τους
του ζευγαριού την ασήκωτη σφαίρα
σπρώχνουν πιο πέρα
νύχτα και μέρα
και τους ανήλικους παίρνουν στον ώμο
ενώ κι αυτοί ψάχνουν τον δρόμο
σαχλοί κι αστείοι με πίστη υπόγεια
πίστη σε τι, δε βρίσκω λόγια.

Κι ούτε στους γέρους τους μπορούν να μοιάζουν
η νύχτα φταίει
και τη σπουδάζουν
στίχοι που αστράψαν κι αθάνατα cantos
λες και γραφτήκαν
γι' αυτούς προπάντος
γιατί διαλέξαν την ίδια ευθεία
που σέρνει πλάι μια τρικυμία

CANTO

I wrote songs for friends
who through all sorts of illusions
in sudden maelstroms
were lost like the shipwrecked at sea.

But for those who continue beside us
I'm still searching for the rhythms they deserve.

Being alone has so unhinged them
that their work is
their soulful joy
the couple's unbearable sphere
they push ever foreword
both night and day
and place the infants on their shoulders
while they're seeking their way too
foolish and comical with an underground faith
faith in what, I'm lost for words.

And they can't even resemble their old folk
the night's to blame
and they study it
lyrics that shone and immortal cantos
as though they'd been written
primarily for them
because they chose the same straight line
that drags beside it a storm

σαχλοί κι αστείοι με πίστη υπόγεια
πίστη σε τι, δε βρίσκω λόγια.

Ακόμα κι όταν ζούνε μόνοι
για να έχουν βήμα πιο ελαφρύ
βραδιάζει πάλι και νυχτώνει
και το τηλέφωνο αργεί
εμπλοκή.
Πού θα πάμε αυτό το βράδυ
κι απ' το φέγγος της τι-βι
προτιμούν του Άδη.

Ποιος θα υποδέχονταν το βουητό τους
το πρόσωπό τους μες στον καπνό τους
του κόσμου η έξαψη
δεν θα τον νιώσει
λίγα θα δώσει
να το ναρκώσει
γοργά περάσματα μετά τις δύο
νύχτα βαθιά σαν ορυχείο
κι όταν αμίλητοι κλείσουν τ' αυτιά τους
την ξανακούν στα σωθικά τους.

Είμαι σαχλός μα όμως είδα
μπροστά στη μύτη τους εκεί
αυτήν την τόση δα φακίδα
που οροσειρές μετακινεί.
Στη ζωή κι αν ακόμα όλα στεγνώσουν
οι ματζίρηδες αυτοί θα 'χουν να της δώσουν.

foolish and comical with an underground faith
faith in what, I'm lost for words.

Even when they live alone
to have a lighter step
it gets dark again and night falls
and the phone call's late
complication.
Where shall we go tonight
and to the TV's glow
they prefer that of hell.

Who'd welcome their clamour
their faces behind their smoke
all that worldly excitement
won't understand them
will offer but little
to benumb them
dropping in after two o'clock
the night deep like a mine
and when unspeaking they shut their ears
they hear it again in their gut.

I'm foolish and yet I saw
there on their noses
that tiny little freckle
that moves mountain ranges.
And even if life dries up
those wretches will have something to give it.

ΚΑΛΟΚΑΙΡΙ

Καλοκαίρι
η γαλάζια προκυμαία θα σε φέρει
καλοκαίρι
καρεκλάκια πετονιές μες στο πανέρι
μες στη βόλτα αυτού του κόσμου που μας ξέρει
καλοκαίρι
πλάι στα μέγαρα, στις τέντες με τ' αγέρι
καλοκαίρι
με χρυσούς ανεμιστήρες μεταφέρει
τη βανίλια με το δίσκο του στο χέρι
την κοψιά μιας προτομής μες στο παρτέρι
καλοκαίρι
μ' ανοιχτό πουκαμισάκι στα ίδια μέρη.

Καλοκαίρι
με μισόκλειστες τις γρίλιες μεσημέρι
καλοκαίρι
καθρεφτάκια και μια θάλασσα που τρέμει
στο ταβάνι και τους γύψους μεσημέρι
καλοκαίρι
με τον κούκο μες στα πεύκα και τ' αμπέλι
καλοκαίρι
στόμα υγρό μικρά λαγόνια καλοκαίρι
με τη φέτα το καρπούζι στο 'να χέρι
με φιλιά μισολιωμένα καλοκαίρι
καλοκαίρι
λίγες φλούδες στης κουζίνας το μαχαίρι.

SUMMER

Summer
the blue seafront will bring you
summer
folding chairs fishing lines in the basket
in the walk of this world that knows us
summer
beside the mansions, in the windswept awnings
summer
with golden fans it brings
vanilla with its tray in hand
the shape of a bust in a flowerbed
summer
with an open shirt in the same places.

Summer
with shutters half-closed at midday
summer
little mirrors and a sea that shakes
the gypsum on the ceiling at midday
summer
with the cuckoo in the pines and in the vines
summer
moist mouth slender hips summer
with a water-melon slice in one hand
with half-melted kisses summer
summer
a little peel left on the kitchen knife.

Καλοκαίρι
του σκυμμένου θεριστή του τυφλοχέρη
καλοκαίρι
με βαριά μοτοσικλέτα μες στα σκέλη
τους φακούς του ανάβει μέρα μεσημέρι
καλοκαίρι
όλο πίσσα και κατράμι καλοκαίρι
καλοκαίρι
με τον ρόγχο του αιρ κοντίσιον μεσημέρι
φαλακροί μες στις σακούλες μας σαν γέροι
εκεινού με τ' άσπρο κράνος που μας ξέρει
καλοκαίρι
μια οσμή νεκροθαλάμου καλοκαίρι.

Καλοκαίρι
στην αρχή σαν έγχρωμο έργο στην Ταγγέρη
αλλά εντέλει
με του κάτω κόσμου το έγκαυμα στο χέρι
τη λαχτάρα του στον κόσμο περιφέρει
καλοκαίρι
στον χαμό του οδηγημένο και το ξέρει
καλοκαίρι
τόσο ώριμο που πέφτοντας προσφέρει
μια πλημμύρα των καρπών, στάρι και μέλι
στον σπασμό του το απόλυτο το αστέρι
καλοκαίρι
μες στα κόκκινα της δύσης του ανατέλλει.

Summer
of the bent relentless reaper
summer
astride a powerful motorbike
its headlights on in broad daylight
summer
all pitch and tar summer
summer
bald in our baggy flesh like old men
with the air-conditioner's midday rattle
of him in the white helmet who knows us
summer
smell of the mortuary summer.

Summer
at first like a colour film in Tangiers
but in the end
with the netherworld's burn on the hand
it parades its longing in the world
summer
led to its demise and it knows
summer
so mature that falling it offers
a deluge of fruits, wheat and honey
in its spasm the perfect star
summer
rising in the reds of its dusk.

ΕΙΔΑ ΤΗ ΣΟΥΛΑ ΚΑΙ ΤΟΝ ΔΕΣΠΟΤΙΔΗ

Είδα τη Σούλα και τον Δεσποτίδη
στο όνειρό μου τους είδα ζωντανούς.
Κι άστραψε τ' όνειρο σαν δαχτυλίδι
που 'ρθε να ντύσει πάλι τους γυμνούς.

Ανησυχούσα μην καταλάβουν
πως ήταν πεθαμένοι από καιρό.
Το ανεμιστήκανε· και για να με προλάβουν
με πλύναν μ' ένα γέλιο καθαρό.

Πού ήταν το θάρρος κι η πίστη μου αίφνης;
Μαζί τους ήμουνα στην άλλη Αριστερά
που είδε τον κόσμο σαν έργο τέχνης
με τελειωμένα κι αθάνατα φτερά.

Είδα τη Σούλα και τον Δεσποτίδη
στο όνειρό μου τους είδα ζωντανούς.
Γυρνάει τ' όνειρο σαν δαχτυλίδι.
Η Αμπελοκήπων γέμισε καπνούς.

Είδα τους φίλους, τα πρόσωπα όλα
την Ιπποκράτους, τη θάλασσα μακριά
τα σκαλοπάτια του Αϊ-Νικόλα
καρέκλες άδειες στο υπαίθριο σινεμά.

Κι είδα ένα τέλος στο σινεμά τους.
Στο μαξιλάρι μου έκλαψα βαθιά

I SAW SOULA AND DESPOTIDIS

I saw Soula and Despotidis
saw them in my dream alive.
And the dream glittered like a ring
that came again to clothe the naked.

I was worried lest they realized
that they'd long been dead.
They sensed it; and to anticipate me
doused me with pure laughter.

Where was my courage and faith all of a sudden?
I'd been with them in that other Left
that saw the world as a work of art
with perfected and immortal wings.

I saw Soula and Despotidis
saw them in my dream alive.
The dream keeps turning like a ring.
Ambelokipi filled with smoke.

I saw my friends, all their faces
Ippokratous street, the distant sea
the steps leading up to St. Nicholas'
the open-air cinema's empty seats.

And I saw the end to their cinema.
On my pillow I wept deeply

τα πρόσωπά μας, τα ονόματά μας.
Πόση προσπάθεια, πόση μοναξιά;

Και τι ιδρώτας απ' τη μεριά μου
μες στων ονείρων τις αόρατες κλωστές
όταν ανοίξανε τα βλέφαρά μου
στο στόμα πλάι μου ακόμα ήταν υγρές.

Φιλί και σάλιο από μετάξι
σαν σκουληκάκι στα φύλλα της μουριάς
που 'γινε νύμφη για να πετάξει
μέσα στου ήλιου τα εκατομμύρια φλας.

for our faces, for our names.
How much struggle, how much solitude?

And on my part what sweat
in the dreams' invisible threads
when my eyelids opened
on the mouth beside me they were still wet.

Kiss and silken saliva
like a worm in the mulberry's leaves
that became a chrysalis in order to fly
in the sun's millions of flashes.

ΜΗ ΠΕΤΑΞΕΙΣ ΤΙΠΟΤΑ

Πάνω από τριάντα χρόνια λόγια ηχογραφώ.
Ήμουν νέο κύμα έναν καιρό.
Πόθησα τον κόσμο σαν αχόρταγο παιδί.
Κάθε του αναγνώριση, για μένα ήταν γιορτή.

Μα όπως μεγαλώνουμε κι όμορφα παλιώνουμε
θα 'θελα η καρδιά μου να κριθεί
από τους δασκάλους μας
μικρούς μας και μεγάλους μας
όσους προπαντός έχουν για πάντα κοιμηθεί.

Κι όταν καληώρα φεύγουν φίλοι και κοινό
και μονάχος μένω στο κενό
νιώθω να μου φέγγουν απ' τις όχθες τις πλαϊνές
κάτι φαναράκια· των δασκάλων μου οι σκιές.

Φέγγουν οι αθάνατοι
σ' ένα βυσσινί βαθύ.
Χαίρε η Ελληνίς Ανατολή.
Κι από το σκοτάδι πλάι
η μορφή τους μας κοιτάει
και χαμογελάει βουρκωμένη, θεϊκή.

Βρήκα τ' όνειρό σου σε γραμμές πολιτικές
και το πήγα πέρα απ' αυτές
όπου μ' οδηγούσε δίχως να το αντιληφθώ
η καταγωγή μου και η τέχνη που εξασκώ.

DON'T THROW ANYTHING AWAY

For thirty years or more I've been recording lyrics.
I was even new wave once upon a time.
Like an insatiable child I craved the public.
Its every recognition, what a celebration for me.

But as we grow older and gracefully age
I'd like my heart to be judged
by our teachers
the young ones and the old
above all by those whose eyes are closed for good.

And when it happens that friends and public go
and I'm left in the void all alone
I feel that shining on me from nearby shores
are some lamps; my teachers' shadows.

The immortals shine
in a dark crimson.
Hail the Hellenic East.
And from the darkness beside
their form gazes at us
and smiles, tearful and divine.

I saw your dream in political spheres
but took it far beyond those
to where I was led without being aware
by my origins and the practice of my art.

Κλείνει τώρα ο κύκλος κι είν' ο θάνατος πολύς
θάνατος στη μέση της ζωής
και πονώ για σένα που 'ρθε η ώρα να το δεις
δόξα είν' η ευθύνη της δικής μας αλλαγής.

Φτάσαμε στ' ανείπωτα:
Μη πετάξεις τίποτα!
Μας μεταμορφώνει μια πνοή.
Τώρα ένα παιδί αρκεί
να μας εντοπίσει εκεί
κι όμορφος ο κόσμος θα 'ρθει πάλι να μας δει.

Now the circle is closing and death is rife
death in the middle of life
and I'm sorry for you that it's time for you to see
our crowning glory is when we change ourselves.

We've arrived at the ineffable:
Don't throw anything away!
We're transformed by a breath.
Now all it needs is a child
to locate us there
and the lovely public will come to see us once again.

ΠΩΣ ΜΕ ΚΑΤΑΝΤΗΣΕ Η ΑΓΑΠΗ

Γιατί;
Αυτό το πρόσωπο, τα μάτια αυτά γιατί;
Πώς με κατάντησαν την άνοιξη αυτή!

Πώς με κατάντησε η αγάπη!
κι αυτή η άνοιξη γιατί
με πάει αλλού από των φίλων τη γιορτή;
Κι αναστενάζω σαν παιδάκι
κι αφήνω πίσω την ακτή
γαλάζιο γύρω μου αεράκι
κι εγώ να κλαίω στην κουπαστή.
Θεέ μου γιατί;

Πώς με κατάντησε η αγάπη
μέσα στο αίμα περπατώ
σε σένα έρχομαι, σε σένανε χρωστώ...
Πρώτη μου σκέψη όταν ξυπνήσω
και τελευταία πριν κοιμηθώ
απ' το σημάδι σου ποτέ μη γιατρευτώ...

HOW LOVE WAS MY DOWNFALL

Why?
That face, those eyes why?
How this Spring they were my downfall!

How love was my downfall!
And this Spring why
is it taking me far from my friends festivity?
And now I'm sighing like a little child
I leave behind the seashore
the azure breeze about me
and me crying over the boat rail.
Dear Lord why?

How love was my downfall!
I'm walking in blood
coming to you, it's to you I owe…
My first thought when I awake
and my last before I sleep
let me never heal from the scar you left…

ΜΕΡΕΣ ΚΑΛΥΤΕΡΕΣ ΘΑ 'ΡΘΟΥΝ

Μέρες καλύτερες θα 'ρθούν, το λέει το ένστικτό μου
αυτό το κάτι μέσα μου, το εντελώς δικό μου.
Χαράζουνε τα πρόσωπα, τα βλέμματα γλυκαίνουν
γιατί ταλαιπωρήθηκαν και τώρα το μαθαίνουν.

Κι αυτοί που μας πληγώσανε, καθώς το φως τελειώνει
αισθάνονται τη μοναξιά που Έλληνες ενώνει
και δεν ακούν τα κόμματα και το μεγάφωνό τους
τον χτύπο μόνο της καρδιάς που μας βαφτίζει ανθρώπους.

Γιατί είν' η αγάπη δόσιμο και δάκρυ που ματώνει
και πόρτα μισοσκότεινη κι απέξω μας κλειδώνει
ώσπου η δόλια η φωνή να βρει τη ρίζα εκείνη
που χάσαμε κι εγώ κι εσύ σαν Φραγκολεβαντίνοι.

Φιλότεχνοι κι αλλήθωροι προς κάποια δύση πάντα
που παραμόρφωσε γενιές, παλιά κι απ' το '30,
την ώρα που το μέσα μας κοβόταν σαν διαμάντι
στου Καζαντζίδη το λυγμό και του Παπαδιαμάντη.

Μέρες καλύτερες θα 'ρθούν, το νιώθω στο αεράκι.
Εκείνο το καρύδι σπάει· άκου και τ' αηδονάκι!
Του πάει το ντέρτι κι ο καημός, η λύπη τού ταιριάζει
μα θέλει και το φάρμακο. Ποιος το 'χει; Το μοιράζει;

Κι εμείς που αριστερίσαμε, ποιο τάχα ήταν το λάθος;
Εφιάλτης ήταν το είδωλο· αλήθεια όμως το πάθος.

BETTER DAYS WILL COME

Better days will come, my instinct tells me so
that thing inside me, that something all my own.
The faces are getting brighter, the looks becoming sweet
because they suffered hardship and now at last they see.

And as the light is fading, those who caused us pain
come to feel the solitude that keeps the Greeks united
and don't listen to the parties or to their loudhailers
only to the heartbeat that baptizes us as humans.

For love is giving and tears that bleed
and a dim-lit door that locks us out
till the wretched voice finds that deeper root
lost as western Levantines by you and me.

Art lovers cross-eyed ever gazing to the west
that miseducated generations, of the '30s and before
at the time when our insides like diamonds were being cut
by Kazantzidis and Papadiamandis with their rending sob.

Better days will come, I feel it in the air.
That walnut is cracking; listen there's the nightingale!
Grief and pining suit it, sorrow becomes it too
But it also needs the remedy. Who has it? Will they share?

And we who leaned to the left, where was the mistake?
The idol was a nightmare; the passion though was true.

Και βούλιαξε στον χείμαρρο, στο δίκιο του πνιγμένο
και ξάφνου βγήκε απ' τα κλαδιά της Πίστης φωτισμένο.

Μέρες καλύτερες θα 'ρθούν, τίποτα πια δεν σβήνει
τη δίψα τη λαχτάρα μου την ομορφιά μου εκείνη
που μου 'γινε πατρίδα μου, πόλη μου και Θεός μου
ματιά που με κομμάτιασε να ξαναβρώ το φως μου.
Κι αφού τελειώνει η βραδιά, αντί για καληνύχτα
μαζί ας ταξιδέψουμε στη φλογισμένη νύχτα
γελώντας και δακρύζοντας για κείνο το ακρογιάλι
να στρώσω να πλαγιάσουμε κεφάλι με κεφάλι.

And it sank into the torrent, drowned in its own right
then from Faith's branches it emerged all at once alight.

Better days will come, nothing now extinguishes
my thirst my longing that loveliness of mine
that's become my homeland, my city and my God
a look that shattered me so I'd find again my sight
And once the evening's over, instead of a goodnight
let's journey together into the flaming night
laughing and crying for that seashore
where I'll make a place for us side by side to lie.

ΑΗΔΟΝΙ ΣΤΗΝ ΚΕΡΑΣΙΑ

Αλλού το μάγουλο κι αλλού το μαξιλάρι
στόμα μισάνοιχτο, υγρό
γυρνάει στον ύπνο της
πετάει το σεντόνι
κι ανεβάζει το φεγγάρι
στου κοιμισμένου της κορμιού τον θησαυρό.

Δεν έχω ύπνο ενώ γλυκό το αηδόνι
την ομορφιά της νιώθει και πονάει.
Ποια να 'ναι η δίψα που μας σιγολιώνει
και διψασμένους κι άυπνους μας κρατάει;

Αηδόνι πες μου απ' του δικού σου μπλουζ τα ύψη
πριν διαλυθείς εκεί στον φθόγγο τον οξύ
ποιες κερασιές του ουρανού
των δυο χειλιών της η πορφύρα
μου 'χει κρύψει;
Σαν των γλουτών της το άσπρο μήλο πού αλλού;

Γυρνώ στο πλάι δειλά δήθεν στον ύπνο
το φως του αυχένα της να οσμιστώ
καβάλα οι δυο στου Κένταυρου τη ράχη εκεί·
νύχτα. Νύχτα μαγική.

Αδωνάι!
Το μικρό βαπόρι
ξεκινάει

NIGHTINGALE IN THE CHERRY-TREE

Cheek in one place and pillow in another
mouth half-open, moist
she turns in her sleep
throws off the sheet
and raises the moon
on her slumbering body's treasure.

I can't sleep while the sweet nightingale
senses her beauty and feels pain.
What's the thirst that slowly gnaws at us
and keeps us thirsting and sleepless?

Tell me nightingale from the heights of your Blues
before you dissolve on the sharp note there
which of the sky's cherry trees
has the purple of her two lips
hidden from me?
Like her buttocks' white apple where else?

I timidly turn on my side supposedly asleep
to smell the light of her neck
there both astride the Centaur's back;
night. Magical night.

Adonai!
The little steamer
is setting off

μπρος στη διεσταλμένη σου κόρη
Αδωνάι!
Σκότωσέ με με τα μαλλιά σου
Αδωνάι!
Λιώσε με με το στόμα σου
και
πλέουνε πλάι.
Αδωνάι!
Μικρά γαλακτοφόρα ζώα
κι έρχονται σκόρπια κύματα
λέξεις σαν από τηλεβόα.

Λιώσε με με το στόμα σου
σκότωσέ με με τα μαλλιά σου
γόνατο ασημένιο αυγό
άγγελος το γονάτισμά σου.
Αδωνάι!
Με τα αισχρολογήματά σου.
Αδωνάι!
Με τα γλυκοφιλήματά σου.
Σαν τα οργανάκια πλάι πλάι
ενώ του Ορφέα το κεφάλι
μόνο του πλέει και τραγουδάει
βουβά στο διπλανό κανάλι.

Κάθιδρος με τα κύματα
δίχως αέρα ν' ανασάνει
μες στα επιφωνήματα
έρχομαι, έρχομαι
φτάνει, φτάνει.

before your dilated pupils
Adonai!
Kill me with your hair
Adonai!
Melt me with your mouth
and
they're sailing side by side.
Adonai!
Little milk-bearing animals
and coming are random waves
words as if from a loudhailer.

Melt me with your mouth
kill me with your hair
your knee a silver egg
your kneeling an angel.
Adonai!
With your obscenities.
Adonai!
With your sweet kisses.
Like small instruments side by side
while Orpheus' head
floats by itself and sings
silently on the next channel.

All of a sweat with the waves
without air to breathe
amid the exclamations
I'm coming, I'm coming
enough, enough.

Με χτυπάει!
Μες στα φτεροκοπήματά της,
τότε καρφώνομαι μεμιάς
στο τελευταίο τίναγμά της.

Κι όλα γλιστρούν πια, δίχως κουπιά
με το αεράκι στο πανί τους
δεν ξεχωρίζω αηδόνι πια
μόν' της καρδούλας σου τους χτύπους.

She hits me!
Amid her flailing
I all at once embed myself
in her final spasm.

And now it all glides, without oars
with wind in the sails
I can't make out any nightingale now
only the beating of your dear heart.

ΤΟ ΦΩΣ ΣΤΙΣ 10 Π.Μ.

Το φως στις δέκα το πρωί έρχεται όλο πλάγιο
εκεί που ήταν οι χείμαρροι και ξαναζωγραφίζει
τους κήπους πάνω στο νερό να 'χουν σκαλί
δεμένη βάρκα και μια θάλασσα γυαλί
και τις τετράκωπες να υψώνουν του ομίλου οι αθλητές
και στο λιθόστρωτο ν' αστράφτουν μουσικές καμαρωτές
κι από τα πεύκα κι απ' τα διώροφα ξανά
καλεί σαλπίζοντας τα ουράνια πρωινά.
Κι ακούς παγώνια! Ηλιόλουστο το τραμ ξαναγυρνά.

Κι όμως αυτό το πλάγιο φως μια μέρα θα φωτίσει
την πιο απόκοσμη ερημιά εσύ είχες ήδη αργήσει
μέσα στις αίθουσες οι τάξεις είχανε μπει
και του σχολείου η πόρτα ορθώνονταν κλειστή
με τους αετούς να ξεπαγιάζουν στον μαρμάρινο κισσό
και με τους ήρωες να κοιτάζουν
τον σβησμένο τους πυρσό
αφού ο κόσμος σου ο γνωστός σ' αυτή τη γη
που αγνός κι ανύποπτος μετέχει κάθε αυγή
την ώρα εκείνη απ' το κάδρο είχε ξάφνου αφαιρεθεί.

Το μεσημέρι μαύρο φως προπάντων στις καθέτους
η θάλασσα όλο το πετάει στου οδηγού το τζάμι
μα όταν γράψει με μια πλάγια μολυβιά
κιονοστοιχίες με λιγάκι συννεφιά
πίσω απ' τα μαύρα του γυαλιά
ο κόσμος μπαίνει όλο φωνές

THE LIGHT AT 10 A.M.

The light at ten in the morning comes all oblique
where the torrents were and again depicts
the gardens so they have a step onto the water
a tied-up boat and a mirror-like sea
and the club's athletes raising the coxed fours
and strutting music shining on the cobbled street
and again from the pines and the two-storied houses
trumpeting it calls the heavenly mornings,
And you hear peacocks! Sundrenched the tram returns.

And yet one day that oblique light will illumine
the eeriest emptiness you were already late
the forms had gone into the classrooms
and the closed school door loomed up
with the eagles freezing on the marble ivy
and with the heroes gazing
at their extinguished torch
since your familiar crowd on this earth
which pure and unsuspecting participates each morning
at that moment had suddenly been removed from the frame.

At midday a black light mainly in the cross streets
that the sea keeps casting on the driver's windshield
but when it writes with a sloping pencil stroke
colonnades with a little cloud
behind his dark glasses
people enter shouting

ανεμιστήρες ξεκινούν και του εσπρέσο οι μηχανές
γυάλινα στέγαστρα, ένας έγχρωμος βυθός
δεν σε πειράζει που είσαι τώρα μοναχός
μια αγάπη πίσω απ' τις λέξεις συναντάς σ' αυτό το φως.

Το φως τραβιόταν θεϊκό στο ηλιοβασίλεμά του
πίσω απ' τη μάντρα της αυλής και το καμένο σπίτι
είχαν απλώσει τα σεντόνια στο σκοινί
έπαιζες μόνος μα αισθανόσουν τη σκηνή
σαν θεατράκι επουράνιο μες στο κόκκινο το φως
πίσω απ' τα σύννεφα να παίζει με το παιδάκι του ο Θεός
ευτυχισμένοι μεταξύ τους, μακρινοί.
Με βλέπουν άραγε και μένα; είχες σκεφτεί
όπως απόψε που πλαγιάζεις σε μια κάμαρα αδειανή.

Με την πόρτα γυρτή
το φως του μπάνιου
να γλιστράει στη σιωπή.

Να σε νιώθω εδώ
σ' αυτό το πλάγιασμα
σε τούτη την ηχώ.

Ναι μ' ένα φως τεχνητό
να βρει τον κόσμο
το δικό μου σ' αγαπώ.

Φως που τραγουδάει
ενώ είναι νύχτα
κι ενώ εσύ δεν είσαι πλάι.

fans begin whirring and espresso machines too
glass shelters, the colourful deep
it doesn't bother you that you're now alone
in that light you find a love behind the words.

The light divine withdrew into its sunset
behind the garden wall and burnt-out house
they'd hung the sheets on the line
you were playing alone but you sensed the scene
like a tiny celestial theatre in the glowing light
God playing with his little child behind the clouds
happy with each other, far away.
Do they see me too perhaps, you'd thought,
like tonight lying in an empty bedroom?

With the door ajar
and the bathroom light
gliding in the silence.

Let me feel you here
in this slanting ray
in this echo.

Yes with an artificial light
let my 'love you'
find the whole world.

Light that sings
even though it's night
and you're not here beside.

Translator's Note

I have always believed that close translation is possible even with poetry. In my many translations, I have constantly avoided any approach which attempts simply to appropriate or freely render a poetic text in the target language. There is always loss in translating poetry, whether on a semantic, formal or pragmatic level, but I believe this loss can be limited by a competent translator. I have, however, allowed myself slightly more freedom in translating these lyrics by Dionysis Savvopoulos for a number of reasons.

Many of Savvopoulos' lyrics are rhymed (usually AABB and occasionally ABAB) and any attempt to reproduce the rhyme, even approximately, requires a greater degree of freedom in the translation approach. Greek, being an inflected language, lends itself to rhyme and near-rhyme in a way that English, an analytical language, does not. In my translations, I reproduced the rhyme, or more often an approximation of it, only where this came reasonably easily and did not require too great a sacrifice of semantic meaning or pragmatic effect. See, for example, the opening lines of 'Ballos a':

Έρμος και βαρύς στο μονοπάτι
με το σακούλι άδειο κι ένα μωρό στην πλάτη.

Γυρνάω σαν τα φίδια και σαν τ' αγριοπούλια
και πίσω απ' το βουνό ακούω νταούλια.

Desolate and downcast on the mountain track
with an empty pouch and a baby on the back.

I wander like the snakes and birds that fly free
and behind the hill I hear festive drums beat.

My main concern, however, was to reproduce as closely as possible the rhythm of Savvopoulos' lyrics. In this I was greatly helped by knowing the melodies to the lyrics or listening to them during the translation process. However, Greek words in general consist of three and four syllables, English words of only one or two. This means that a line of verse in Greek usually translates into a line of far fewer syllables in English even with the addition of a few neutral words used as padding, with the result that rhythm, too, can only be approximately reproduced, as in, for example, the opening lines of 'Rain's on its way a storm's coming':

Έρχεται βροχή έρχεται μπόρα
έρχεται μπόρα και παγωνιά
στα πόδια μας ζεστή μια θερμοφόρα
κόκκινη κουβέρτα και παλιά περιοδικά.

Rain's on its way a storm's coming
a storm's coming and bitter cold
at our feet a hot-water bottle
a warm red blanket and old magazines.

A further concern of mine was to avoid 'poeticising' Savvopoulos' language, which is everyday and colloquial, sometimes even verging on slang. There were many instances where a more poetic rendering of certain lyrics would have been easier. For example, 'Talk no more of love' might be a more concise and elegant translation of «Μην μιλάς άλλο γι' αγάπη» than 'Don't talk anymore of love', but the latter is more colloquial and more closely renders the linguistic register of the Greek.

It should be clear from the above that I made no attempt to translate the lyrics so that they might be sung in English to the same melodies, which would require a completely different and much freer translation approach. My guiding concern was that they might be read as a collection of lyrics. Nevertheless, four music scores are included in this collection with the English translation more closely corresponding to the musical notation. These translations were made for that purpose and differ slightly from the corresponding translations in the collection.

It remains for me to thank Dionysis Savvopoulos for his generous help and support in the preparation of these translations, and, as always, Aris Laskaratos, Nikoletta Sarri and Theodora Pasachidou at Aiora Press for their enthusiasm, encouragement and friendship.

Notes to the Lyrics

BALLOS a. – p. 39

Ballos: Traditional Greek island dance.

BALLOS c. – p. 45

Freedom or death: Greek battle cry during the Greek War of
    Independence against the Ottoman Empire.

ZEÏBEKIKO – p. 55

Zeïbekiko: The Zeïbekiko is the most frequent form of dance
    expression of an urban subculture whose members the
    Greeks commonly called rebetes. These rebetes were peo-
    ple living a marginal and often underworld existence on the
    fringes of established society, disoriented and struggling
    to maintain themselves in the developing industrial ports,
    despised and persecuted by the rest of society. The rhythm
    of the Zeïbekiko expresses a mood that is usually melan-
    cholic, deeply concentrated and often charged with the
    tension of accumulated suffering and suppressed violence.
    It was always a man's solo dance.

Batis: Real name Yoryis Tsoros (ca. 1887–1967). One of the
    most important composers of rebetic songs. Batis is also
    the name of a light and cool sea breeze.

Smyrna in '22: During World War I, persecutions, deportations
    and massacres took place against non–Muslim minorities,
    including the Greeks living on the coast of Asia Minor in

cities such as Smyrna. After the end of the war, the Allies authorized Greece to defend the indigenous Greek populations, but the Greek army sent to Asia Minor in 1919 was defeated by the Turkish forces in the ensuing Greco-Turkish war, which culminated in the burning of Smyrna in 1922. After more than thirty centuries of presence in Asia Minor, one and a half million ethnic Greeks fled to Greece. Following what became known as the Asia Minor Disaster, the country entered a long, gloomy period of introspection and political instability.

BLACK SEA a. – p. 61

Mythical bird with two heads: Reference to the double-headed eagle, symbol of the Byzantine empire.

Palaeologus' red sandals: Constantine Palaeologus, last of the Byzantine emperors. Popular tradition has it that after the fall of Constantinople he was turned into marble and will return again when needed. The imperial colour of the Byzantine rulers was the deep purple of porphyry.

BLACK SEA b. – p. 65

Constantinople, Varna, Odessa, Constanza and Braila: Important centres of Hellenism with, for many centuries, a flourishing Greek community.

THE DEATHLY SOLITUDE OF ALEXIS ASLANIS – p. 71

Alexis Aslanis: Nikos-Alexis Aslanoglou (1931–96), poet from Salonica.

Alkis: Alkis Sachinis (1944–73), photographer and friend of Dionysis Savvopoulos.

Party: The Greek Communist Party.

ol' Alexandros: Alexandros Papadiamandis (1851–1911) was one of the most important Greek writers and holds a special place in the history of modern Greek letters, but also in the heart of the average Greek reader. He wrote mainly short stories and novellas as well as being an accomplished translator.

Tsitsanis: Vassilis Tsitsanis (1915–84), Greek composer, song-writer and singer. One of the most influential and renowned composers of popular and rebetic songs.

MORNING – p. 77

a seven-year phobia: Reference to the seven-year military dictatorship in Greece 1967–74.

I WAS BORN IN SALONICA – p. 81

ELAS: Ellinikos Apeleftherotikos Stratos (Greek Liberation Army), the armed wing of the Greek Liberation Front. ELAS was largely responsible for the resistance movement in Greece during the Nazi occupation (1941–44).

Tsitsanis: See above.

WHAT I PLAYED IN LAVRION – p. 89

Lavrion: small town and port on the south-east coast of Attica, known also in ancient times. It was an industrial centre from the nineteenth to the end of the twentieth century, when it fell into decline.

ASPA – p. 91

Aspa: wife of Dionysis Savvopoulos since 1968.

SECRET PLACE – p. 95

here and now: 'Here and now change' was, in the Greek elections of 1981, one of the main slogans of PASOK (Panhellenic Socialist Party), which came to power following a long period of right-wing governments.

Gate 7: Gate number 7 at the Karaiskaki stadium in Piraeus, home of Olympiacos Football Club. On February 8, 1981, a tragic accident took place when, because of overcrowding in that area of the stadium, twenty-one fans were killed and over fifty injured.

gate beneath the tank tracks: reference to the iron gate at the entrance to the National Polytechnic School of Athens. This gate was crushed beneath the tracks of a tank that was ordered by the prime minister of the then military dictatorship in Greece (1967–74) to enter by force and dispel the student uprising against the dictatorship. Today, the mangled gate is exhibited in the Polytechnic's forecourt.

LET THE DANCES GO ON – p. 107

Alkis: See above.

during the Turkish rule: the period of Ottoman rule in Greece lasting four hundred years from the fifteenth to the nineteenth century.

SUMMER – p. 117

vanilla with its tray in hand: vanilla or 'submarine'. A sweet paste wrapped around a spoon and served in a glass of cold water and brought on a tray. A traditional Greek summer sweet.

I SAW SOULA AND DESPOTIDIS – p. 121

Soula and Despotidis: Soula Alexandropoulou, journalist; and Mimis Despotidis, publisher, were close friends of Dionysis Savvopoulos and belonged ideologically to the Left.

DON'T THROW ANYTHING AWAY – p. 125

new wave: a new current in Greek song in the 1960s. The term comes from the art film movement (nouvelle vague), which flourished in France in the 1950s.

of the '30s: The 'generation of the 30s' refers to those authors and poets who first appeared in the 1930s. They gave new directions to poetry and prose writing, expressing the need for change and a break with past traditions. They proposed a new consciousness of 'Greekness', entering into a creative dialogue with the European currents of the time.

Kazantzidis: Stellios Kazantzidis (1931–2001) was a Greek popular singer with a particularly characteristic voice. He was undoubtedly the most famous and most popular singer of his times. He sang songs by many well-known composers as well as composing his own.

Papadiamandis: See above.

Index of Greek Titles

Music Scores

Musical transcription
Vassilis Hadjinicolaou

OUR OLD FRIENDS
(Οι παλιοί μας φίλοι)

D. Savvopoulos

THE GARDEN
(Το περιβόλι)

D. Savvopoulos

gently wend their way and bring us to

you again in places we'd once meet

Radiant you come to me lean over and give a

kiss at night time you cover me and

make my sleep more sweet.

RAIN'S ON ITS WAY, A STORM'S COMING
(Έρχεται βροχή, έρχεται μπόρα)

D. Savvopoulos

WHAT I PLAYED IN LAVRION
(Τι έπαιξα στο Λαύριο)

D. Savvopoulos

I don't know what to play to the kids

in the mar - ket - place in Lav - rion

I've grown old with my bra - ces and my specs

and I'm e - ver fear - ful of to - mor - row

How can you hide from kids like that in a - ny case they

know it all and they gaze at us with eyes those eyes they have

when they wake at two in the mor - ning. We are

li - ving in a dream that's crea - ky, like the woo - den leg of our

Listen to these four songs
sung in English:

youtube

spotify

Discography

Fortigo (Truck), Lyra, November 1966.

To perivoli tou trellou (The loony's garden), Lyra, October 1969.

Ballos (Ballos), Lyra, March 1971.

Vromiko psomi (Stale crusts), Lyra, December 1972.

10 chronia kommatia (Pieces from 10 years), Lyra, February 1975.

Happy Day, Lyra, September 1976.

Acharnes (Acharnians), Lyra, September 1977.

I rezerva (The spare), Lyra, October 1979.

Trapezakia exo (Tables outside), Lyra, April 1983.

20 chronia dromos (20 years down the road), Lyra, November 1983.

Zito to elliniko tragoudi (Long live the Greek song), Minos, November 1987.

O kos Savvopoulos efharistei therma ton ko Hatzidaki kai tha'rthei oposdipote (Mr Savvopoulos cordially thanks Mr Hadjidakis and will definitely come), EMI, April 1988.

To kourema (The haircut), POLYGRAM, May 1989.

Anadromi '63 – '89 (Retrospective '63–'89), POLYGRAM, April 1990.

Min petaxeis tipota (Don't throw anything away), POLYGRAM, April 1994.

Parartima (Supplement), POLYGRAM, December 1996.

To xenodocheio (The hotel), POLYGRAM, December 1997.

O chronopios (The timesmith), UNIVERSAL, December 1999.

Savvorama, UNIVERSAL, December 2001.

MODERN
GREEK
CLASSICS

C.P. CAVAFY

Selected Poems

BILINGUAL EDITION

Translated by David Connolly

Cavafy is by far the most translated and well-known Greek poet internationally. Whether his subject matter is historical, philosophical or sensual, Cavafy's unique poetic voice is always recognizable by its ironical, suave, witty and world-weary tones.

STRATIS DOUKAS

A Prisoner of War's Story

Translated by Petro Alexiou
With an Afterword by Dimitris Tziovas

Smyrna, 1922: A young Anatolian Greek is taken prisoner at the end of the Greek–Turkish War. A classic tale of survival in a time of nationalist conflict, *A Prisoner of War's Story* is a beautifully crafted and pithy narrative. Affirming the common humanity of peoples, it earns its place among Europe's finest anti-war literature of the post-WWI period.

ODYSSEUS ELYTIS

1979 NOBEL PRIZE FOR LITERATURE

In the Name of Luminosity and Transparency

With an Introduction by Dimitris Daskalopoulos

The poetry of Odysseus Elytis owes as much to the ancients and Byzantium as to the surrealists of the 1930s, bringing romantic modernism and structural experimentation to Greece. Collected here are the two speeches Elytis gave on his acceptance of the 1979 Nobel Prize for Literature.

NIKOS ENGONOPOULOS
Cafés and Comets After Midnight and Other Poems
BILINGUAL EDITION

Translated by David Connolly

Derided for his innovative and, at the time, often incomprehensible modernist experiments, Engonopoulos is today regarded as one of the most original artists of his generation. In both his painting and poetry, he created a peculiarly Greek surrealism, a blending of the Dionysian and Apollonian.

M. KARAGATSIS
The Great Chimera

Translated by Patricia Barbeito

A psychological portrait of a young French woman, who marries a sailor and moves to the island of Syros. Her fate grows entwined with that of the boats and when economic downturn arrives, it brings passion, life and death in its wake.

M. KARAGATSIS
Junkermann

Translated by Patricia Felisa Barbeito

Set in the turbulent interwar period, *Junkermann* is a modernist, picaresque epic. Written with Karagatsis's characteristic irreverence, humour, and eye for the beauties of the Greek landscape, the novel provides a nuanced portrait of the myth of the self-made man—from a Greek perspective.

KOSTAS KARYOTAKIS
Ballad for the Unsung Poets of the Ages
BILINGUAL EDITION

Translated by Simon Darragh

Karyotakis is the poet most emblematic of the turbulent interwar period in Greece. His poetry is often pessimistic and bitingly satirical. His writing combines reverie with sarcasm, a stifling sense of everyday reality with poignant irony. This is verse that is both piercing and resonant.

ANDREAS LASKARATOS
Reflections
BILINGUAL EDITION

Translated by Simon Darragh

Andreas Laskaratos was a writer and poet, a social thinker and, in many ways, a controversialist. His *Reflections* sets out, in a series of calm, clear and pithy aphorisms, his uncompromising and finely reasoned beliefs on morality, justice, personal conduct, power, tradition, religion and government.

MARGARITA LIBERAKI
The Other Alexander

Translated by Willis Barnstone and Elli Tzalopoulou Barnstone

A tyrannical father leads a double life; he has two families and gives the same first names to both sets of children. The half-siblings meet, love, hate, and betray one another. Hailed by Albert Camus as "true poetry," Liberaki's sharp, riveting prose consolidates her place in European literature.

ALEXANDROS PAPADIAMANDIS
Fey Folk

Translated by David Connolly

Alexandros Papadiamandis holds a special place in the history of Modern Greek letters, but also in the heart of the ordinary reader. *Fey Folk* follows the humble lives of quaint, simple-hearted folk living in accordance with centuries-old traditions, described here with both reverence and humour.

ALEXANDROS RANGAVIS
The Notary

Translated by Simon Darragh

A mystery set on the island of Cephalonia, this classic work of Rangavis is an iconic tale of suspense and intrigue, love and murder. *The Notary* is Modern Greek literature's contribution to the tradition of early crime fiction, alongside E.T.A. Hoffman, Edgar Allan Poe and Wilkie Collins.

EMMANUEL ROÏDES
Pope Joan
Translated by David Connolly

This satirical novel, a masterpiece of modern Greek literature, retells the legend of a female pope as a disguised criticism of the Orthodox Church of the nineteenth century. It was a bestseller across Europe at its time and the controversy it provoked led to the swift excommunication of its author.

ANTONIS SAMARAKIS
The Flaw
Translated by Simon Darragh

A man is seized from his afternoon drink at the Cafe Sport by two agents of the Regime by car toward Special Branch Headquarters, and the interrogation that undoubtedly awaits him there. Part thriller and part political satire, *The Flaw* has been translated into more than thirty languages.

GEORGE SEFERIS
1979 NOBEL PRIZE FOR LITERATURE
Novel and Other Poems   BILINGUAL EDITION
Translated by Roderick Beaton

Often compared during his lifetime to T.S. Eliot, Seferis is noted for his spare, laconic, dense and allusive verse. Seferis better than any other writer expresses the dilemma experienced by his countrymen then and now: how to be at once Greek and modern.

MAKIS TSITAS
God is My Witness
Translated by Joshua Barley

A hilariously funny and achingly sad portrait of Greek society during the crisis years, as told by a lovable anti-hero. Fifty-year-old Chrysovalantis, who has recently lost his job and struggles with declining health, sets out to tell the story of his life, roaming the streets of Athens on Christmas Eve.

ILIAS VENEZIS
Serenity
Translated by Joshua Barley

The novel follows the journey of a group of Greek refugees from Asia Minor who settle in a village near Athens. It details the hatred of war, the love of nature that surrounds them, the hostility of their new neighbours and eventually their adaptation to a new life.

GEORGIOS VIZYENOS
Thracian Tales
Translated by Peter Mackridge

These short stories bring to life Vizyenos' native Thrace. Through masterful psychological portayals, each story keeps the reader in suspense to the very end: Where did Yorgis' grandfather travel on his only journey? What was Yorgis' mother's sin? Who was responsible for his brother's murder?

GEORGIOS VIZYENOS
Moskov Selim
Translated by Peter Mackridge

A novella by Georgios Vizyenos, one of Greece's best-loved writers, set in Thrace during the time of the Russo-Turkish War, whose outcome would decide the future of southeastern Europe. *Moskov Selim* is a moving tale of kinship, despite the gulf of nationality and religion.

NIKIFOROS VRETTAKOS
Selected Poems
BILINGUAL EDITION

Translated by David Connolly

The poems of Vrettakos are rooted in the Greek landscape and coloured by the Greek light, yet their themes and sentiment are ecumenical. His poetry offers a vision of the paradise that the world could be, but it is also imbued with an awareness of the abyss that the world threatens to become.

AN ANTHOLOGY

Rebetika: Songs
BILINGUAL EDITION
from the Old Greek Underworld

Translated by Katharine Butterworth & Sara Schneider

The songs in this book are a sampling of the urban folk songs of Greece during the first half of the twentieth century. Often compared to American blues, rebetika songs are the creative expression of people living a marginal and often underworld existence on the fringes of established society.

AN ANTHOLOGY

Greek Folk Songs
BILINGUAL EDITION

Translated by Joshua Barley

The Greek folk songs were passed down from generation to generation in a centuries-long oral tradition. Written down at the start of the nineteenth century, they became the first works of modern Greek poetry, playing an important role in forming the country's modern language and literature.

AN ANTHOLOGY

Greek Folk Tales

Translated by Alexander Zaphiriou

Greek folk tales span the centuries from early antiquity up to our times. These are wondrous, whimsical stories about doughty youths and frightful monsters, resourceful maidens and animals gifted with human speech, and they capture the temperament and ethos of the Greek folk psyche.